Cook Book
COMPETITION
for chefs

김동기 지음

대한민국
Cook가대표
김동기 셰프의
대회 요리

🅙다락원

김동기 셰프의 숙련되고
다이나믹한 스킬을 확인할 수 있는
강의 영상을 만나보세요.

Cook Book
COMPETITION for chefs
대회 요리

지은이 김동기
펴낸이 정규도
펴낸곳 ㈜다락원

초판 1쇄 인쇄 2022년 10월 5일
초판 1쇄 발행 2022년 10월 10일

편집총괄 이후춘
책임편집 김민지
디자인 ALL Contents Group
사진촬영 제이지크리에이티브랩
장소협찬 오스테리아 주연

다락원 경기도 파주시 문발로 211
내용문의 (02) 736-2031 내선 293
구입문의 (02) 736-2031 내선 250~252
Fax (02) 732-2037
출판등록 1977년 9월 16일 제406-2008-000007호

Copyright 2022© 김동기

저자 및 출판사의 허락 없이 이 책의 일부 또는 전부를 무단 복제·전재·발췌할 수 없습니다.
구입 후 철회는 회사 내규에 부합하는 경우에 가능하므로 구입문의처에 문의하시기 바랍니다.
분실·파손 등에 따른 소비자 피해에 대해서는 공정거래위원회에서 고시한 소비자 분쟁 해결 기준에 따라 보상 가능합니다.
잘못된 책은 바꿔 드립니다.

값 28,000원
ISBN 978-89-277-7158-6 13590

Cook Book
COMPETITION
for chefs

"호기심에서부터 맛있는 요리가 시작된다."

'비스트로'에서 '특1급 호텔'까지 다양한 곳에서 경력을 쌓았다.
전 세계 모든 요리대회를 다 나가보고자 20대 중반부터 끊임없이 요리대회에 도전하고 있다.
한국에서는 레스토랑을 운영하며 국제 요리대회를 나가는 몇 안 되는 현직 요리사이다.
지금은 청담에 파인다이닝과 서울 외곽에서 작은 레스토랑을 운영하며
레시피 개발과 정리, 요리대회 출전, 음식 칼럼을 쓰며 후배들을 양성하고 있다.

Cook가대표 셰프 김동기

- 2017~ 오스테리아 주연 오너 셰프
- 2022~ 파인다이닝 '그릭에' 총괄 셰프
- 2016~2017 국제조리전문학교
  (현 국제 호텔직업전문학교) 특임교수
- 세계일보 [김셰프의 시네 퀴진] 연재 중
- 생활의 달인 10대 맛집 달인 선정
- 지방-전국 기능경기대회 심사위원

- 배달의 민족 [사장님 대상 메뉴 개발] 컨설팅
- 현대 쿠킹 라이브러리 X 푸드매거진F '쌀' 쿠킹쇼
- 삼성 갤럭시 공감 식탁 서울편 셰드
- 중소기업청 소상공인 진흥 공단 성공 CEO 컨설팅
- 휴롬 슈퍼스팀팟 메뉴 컨설팅
- 낭만식탁 김동기 셰프의 취미생활 운영
  (https://blog.naver.com/paychey)

국가대표 이력

- 2011년 (사)조리사 협회 중앙회 러시아 국제요리경연 대회 국가대표
- 2013년 (사)조리사 협회 중앙회 홍콩 국제요리경연 대회 국가대표
- 2014년 BOCUSE DO'R(보큐즈도르) 요리대회 다시아 퍼시픽 대한민국 국가대표
- 2015년 BOCUSE DO'R(보큐즈도르) 요리대회 프랑스 리옹 대한민국 국가대표
- 2016년 장애인 기능올림픽 요리직종 국가대표 부지도위원
- 2016년 (사)조리사 협회 중앙회 독일 요리 올림픽 국가대표

- 2011년 WACS IKCC 러시아 국제 요리 경연 대회 국가대표 은메달
- 2013년 WACS 홍콩 HOPEX 국제 요리경연 대회 타파스 금메달, 메인 플레이트 은메달
- 2014년 BOCUSE DO'R 요리대회 아시아 퍼시픽 대한민국 대표 종합 5위
- 2014년 룩셈부르크 커리너리 월드컵 금메달 개인전 요리부문 7위
- 2015년 BOCUSE DO'R 요리대회 프랑스 리옹 대한민국 국가 대표
- 2016년 국제장애인 기능올림픽 요리직종 국가대표 코치, 은메달 수상, 고용노동부 장관 표창
- 2016년 WACS 독일 요리 올림픽 국가대표 라이브, 전시 동메달
- 2019년 홍콩 요리대회 오스테리아 주연 팀 라이브, 전시 금메달
- 2020년 IKA 독일 요리 올림픽 오스테리아 주연 리저널 팀 은메달 종합 11위

대회 경력

- 2011년~2015년 말레이시아, 홍콩, 필리핀, 룩셈부르크, 싱가플 등 WACS 요리대회 금메달 8개, 은메달 12개, 동메달 10개

일러두기

- 계량 단위는 'ml/L, g/kg, ts/Ts, ea, 줄기, some'을 사용한다. some은 재료의 단위를 기재하지 않아도 될 정도의 소량을 의미하며 요리사의 입맛에 따라 가감한다.
- 외래어 표기는 국립국어원의 '외래어 표기법'을 따르되, 재료 및 요리법의 일부는 저자의 표현을 따랐다. 가령 채소를 야채로 적었고, chervil은 차빌, 처빌, 챠빌 등 다양하게 쓰이나 저자의 표현인 챠빌로 표기하였다.
- 이 책의 레시피는 출전하는 대회의 특성에 맞게 작성하였다. 대회장에서 재료 손질부터 모든 걸 다 해야 하는 기능 경기대회의 경우 레시피를 가능한 한 자세히 수록하였고, 핫 키친은 사전 준비 항목과 시간을 줄이기 위한 요리 과정을, 전시 요리는 코팅처리와 모양이 변하지 않을 팁을, 고멧 요리는 구성의 가이드가 될 수 있는 레시피를 실었다.

대회 요리에 관한 책

요리대회에 도전하기 시작한지 12년이 지났다. 처음은 한국에서 열리던 지역 특산물 요리대회였다. 당연히 수상은 못했지만 고달팠던 과정이 너무나 기억에 남았고 준비하면서 얻은 지식이 너무나 행복했다. 그 후로 전 세계를 돌아다니며 요리대회를 다니고 Bocuse d'or, Ika culinary olympics의 국가대표, luxemburg culinary worldcup 리저널 팀 출전처럼 세계 3대 요리 대회에 도전해 보고 또 노력한 만큼 행복한 결과를 얻었다.

젊은 시절 말도 안 되는 레시피를 시도하고 또 엉뚱한 요리도 만들어 본 그 모든 것들이 지금 생각하면 참 웃기기도 하지만 그 과정이 있었기에 지금의 내가 있다고 생각한다. 나는 선배님들이 펼쳐 놓은 길을 따라가며 몸으로 배워 왔다. 밤을 세워가며 다른 호텔 선배님을 찾아 가기도 하고 모임 자리가 있으면 따라가 귀동냥을 듣기도 했다. 현장에서는 배우기 어려운 요리대회용 요리 재료의 배치, 전시용 소스의 농도, 젤라틴 코팅의 배합 등을 배우기 위해서였다. 나이를 먹어가며 이제 선수보다는 지도자로써 세계 대회를 출전하는 지금 내가 배워 왔던 많은 것들을 책에 남겨 후배들에게 도움이 되었으면 싶은 소망이 있다.

요리대회는 크게 국내 요리대회와 국제 요리대회로 나뉠 수 있고 국내 요리대회는 지역 특산물을 활용한 향토 요리대회, 기업 제품을 주제로 한 요리대회들이 있다. 그 중 기본기를 중요시 하는 기능경기대회가 가장 난이도가 높고 권위 있는 대회이다. 국제 요리대회는 세계 조리사 연맹인 왁스WACS 가 주최한 요리대회가 있으며 세계 각지의 요리사들과 경합을 벌일 수 있는 기회와 도전의 장이다. 왁스는 나라마다 추구하는 대회 요리 스타일이 다르다. 아시아권은 라이브 요리가 강하고 유럽은 전시 요리가 강하다. 이 책에는 라이브와 전시 요리의 포인트를 정리해보았다. 기본기와 창의력을 연마하는 데 필요한 정보를 이 책에서 얻을 수 있을 것이다.

요리대회의 요리가 그 순간으로만 끝나지 않고 레스토랑에 활용되며 빛이 나는 것을 보고 싶다. 이 책이 정답은 아닐지라도 스스로 연마하는 자기 자신의 요리라는 정답에 가까워질 참고서가 될 거라 믿는다. 시대는 빠르게 변한다. 내 책도 옛날 책이라는 꼬리표가 따라다닐 때쯤엔 이 책으로 공부를 한 후배들로 인해 요리대회가, 도전이 사랑받을 그 날이 오기를 기대한다.

Cook가대표 김동기

※ 대회 요리에 대한 자세한 저자 직강 유료 동영상을 만나보세요.

contents

005   대회 요리에 관한 책

기능경기대회
part ──── *world skills* ──── *01*

014   대회 개요

기초 조리

018   야채 규격과 기술

감자 가니쉬

020   베르니 포테이토
021   윌리엄 포테이토
022   더치 포테이토
023   퐁당트 포테이토
024   매시트 포테이토
025   베이키드 포테이토
026   보일드 포테이토
027   안나 포테이토
028   크로켓 포테이토
029   해쉬 브라운 포테이토

달걀 요리

030	오믈렛
031	포치드 에그
032	스크램블 에그
033	보일드 에그
034	써니 사이드 업 에그

5대 모체 소스

035	베샤멜 소스
036	벨루떼 소스
037	토마토 소스
038	브라운 소스
039	훌렌다이즈 소스 | 소스 올랑데즈

레시피

핫애피타이저

042 **플랫 피쉬**
뵈르 누아젯트 한 광어·퓌메 드 푸아송어 포칭한 새우를 넣은 광어 무스·
빈 블랑 소스와 사바용 소스·양파 퓌레오·구운 애호박·글레이징 한 올리베또 당근

050 출제 문제 예시 · 라비올리 응용 과제 사진 · 2색 라비올리 팁

052 **라운드 피쉬**
팬에 구운 연어와 연어를 채워 튀긴 크로켓·뵈르 블랑 소스와 베샤멜에 글레이징 한 양송이·
베르니 포테이토와 단호박 뒤레·구운 아스파라거스

060 출제 문제 예시 · 농어 응용 과제 사진 · 생선 조리 팁

062 **해산물**
구운 관자와 새우·크레페로 감싼 리코타 치즈와 해산물·무슬린 소스와 감자칩, 시금치 퓌레

메인

070   **돼지**
퍼프 페스츄리를 감싸 구운 닭 간을 넣은 돼지 등심 웰링턴·가지 플랑·
올리베또 한 감자와 감자 뇨끼·쥬키니 퓌레·로즈마리 소스

078   출제 문제 예시·돼지 안심 응용 과제 사진·돼지 안심 팁

080   **소**
파르마 햄으로 감싸 구운 소고기 안심과 브레이징 한 사태살·
콜리플라워 퓌레로 몽떼 한 탈리아텔레·아스파라거스 랩·당근 글레이징·타라건 향의 쥐 드 뵈프

088   출제 문제 예시·소금반죽 응용 과제 사진·소금반죽 팁

090   **닭**
뒥셀을 채운 치킨 룰라드·시금치 폴렌타 파베와 샬롯 콩피·라따뚜이와 브로콜리 튀김·호요트 소스

098   출제 문제 예시·닭 가슴살 응용 과제 사진·닭 요리 팁

100   **양**
허브 크러스트를 얹은 양 갈비·윌리엄 포테이토와 민트향의 사과 쳐트니·당근 퓌레·타임향의 양고기 소스

108   **오리**
미디엄으로 익힌 오리 가슴살과 오리 다리살 튀김·토마토 소스를 곁들인 오리고기 라비올리와
구운 대파와 아스파라거스·오렌지 세그먼트와 비가라드 소스

디저트

118   **미니어처 디저트 응용**
흑임자 쇼콜라 블랑 타르트·코코아 크럼블과 피스타치오 머랭·와인에 절인 청포도·레몬 커드와 샹티 크림

128   **플레이팅 디저트 응용**
브라우니와 말차 버터·캐러멜라이지드 애플·코코넛 치즈 크림·시나몬 시가렛 튀일·라즈베리 꿀리

WACS

part 02

140　대회 개요

WACS HOT KITCKEN

144　대회 개요

146　**2019 홍콩 동 | 애피타이저**
시금치와 마늘을 넣은 새우 테린과 아보카도 퓌레, 발사믹 에멀젼 소스·
올리브와 파프리카를 넣은 방울토마토 다르시·케이퍼와 레물라드 소스

152　**2019 홍콩 금 | 메인**
그린 키슈·허브 버터를 얹은 퐁당트 포테이토·견과류 크러스트를 곁들인 고구마 스카치 에그·
콜리플라워 퓌레·병아리콩 옥수수 벨루테 소스

158　**2019 홍콩 은 | 메인**
큐민과 머스터드를 채운 치킨 로스트·시금치를 넣은 매시트포테이토·카포니타를 채운 애호박 롤·
토마토와 샬롯 콩피·당근 글레이징·생강향의 아스파라거스 퓌레·포르치니버섯 베샤멜 소스

164　**2019 홍콩 금 | 메인**
초리죠와 호밀빵을 스터핑한 치킨 룰라드·뒥셀, 마늘 크러스트를 입힌 폴렌타 콘치아·라따뚜이로 스터핑 한
송이토마토 파르시·사과주스에 글레이징 한 당근·생강향의 콜리플라워 퓌레·올리브 브라운 소스

172　**2019 홍콩 은 | 메인**
피넛 버터 크럼블을 올린 채끝 스테이크·시금치와 버섯을 넣은 파이·사과 쳐트니를 얹은 구운 샬롯·
꿀로 글레이징 한 베이비 캐롯과 아스파라거스·샤슈르 소스

WACS COLD DISPLAY

- 180　　대회 개요
- 182　　전시 요리의 기초 준비
- 184　　코팅 처리
- 186　　플레이팅
- 188　　**2018 싱가폴 금 | 애피타이저**
  오렌지에 마리네이드 한 연어와 홀스래디시와 망고 겔·사과 젤리·아보카도 퓌레·마를 스터핑한 오징어·
  와인에 절인 연어알과 신선한 래디시·오이와 옥수수 살사·발사믹 리덕션

- 196　　**2019 홍콩 금 | 메인**
  그릴을 한 소 안심과 허브 버터·머스터드 브라운 소스·시금치와 바질을 넣은 크림·완두콩 스튜와 폼·
  감자 캐서롤·말린 계절 야채

- 202　　**2020 독일 은 | 5코스**
  메추리 간을 스터핑 한 로스트 한 메추리·에이징 한 메추리 다리 튀김·
  구운 샐러리악과 샐러리악 크림·살구 살사와 글레이징 한 쪽파·메추리 소스, 토마토 크런치

WACS GOURMET

210	**대회 개요**	
214	**핑거푸드 ǀ 10인분**	
	사과주스에 아스픽 한 가자미 테린과 폴렌타 파베	
218	**핑거푸드 ǀ 5인분**	
	초리죠로 맛을 낸 랍스터 롤·완두콩 퓌레와 샬롯 피클	
222	**뷔페 ǀ 10인분**	
	전복 내장으로 맛을 낸 새우 무스와 전복 테린·허브를 버무린 퀴노아 크런치·레몬 아이올리 소스·콰트로 치즈를 스터핑 한 감자 빠리지엥	
226	**뷔페 ǀ 10인분**	
	애쉬로 향을 낸 프로슈토로 감싼 닭 가슴살 롤·당근과 감자 롤 밀푀유	
229	**뷔페 ǀ 10인분**	
	저온 조리한 연어와 레몬 와사비 젤리·완두콩 아가	
233	**뷔페 ǀ 10인분**	
	베이컨으로 감싼 큐민으로 향을 낸 양 정강이살 파테·캐러멜라이지드 한 양파를 얹은 브리오슈	
236	**애피타이저 ǀ 5인분**	
	콜리플라워를 글라사주 한 후추향을 낸 돼지 안심·구운 뇨끼와 대파 시금치 크림	

기능경기대회

part ——— *world skills* ——— 01

지방기능경기대회 → 전국기능경기대회 → 국제기능올림픽대회

*대회당 순위를 정하여 금메달, 은메달, 동메달 수상 후 메달 수상자에게 상위 대회 출전권이 주어집니다.

지방·전국기능경기대회는 '국제기능올림픽대회' 선발전입니다.

intro

대회 개요

요리 기능경기대회는 요리대회의 전국체전이라고 볼 수 있다. 지방 도시에서 대회를 거쳐 전국 단위로 한 번 더 등수를 매기며 그중 수상자는 국가대표의 자격으로 국제 대회에 참여해 경연을 치른다. 많은 훈련이 동반되어야 하며 좋은 성적을 내기 위해서는 단순히 반복하는 훈련이 아니라 요리 자체를 이해를 해야만 수상할 수 있는 가능성이 높아진다. 요리 기능경기대회는 기본적으로 서양식, 특히 프랑스 음식 분야의 문제가 주를 이루기 때문에 프랑스 요리 조리법과 조리용어에 대한 공부를 꾸준히 해야 한다. 요리대회에 주어진 시간 특성상 한정된 재료와 시간을 가지고 문제를 풀이해야 하며 예를 들어 미르푸아에 당근이 없어도 소스를 만듦에 거침이 없어야 하고 6시간짜리 소스를 1시간으로 축약시킬 수 있는 융통성도 필요하다. 또 빵가루가 없다면 버터와 밀가루로 비스켓을 만들어 구운 후 부셔 크럼블을 만들어 대체할 수 있는 지식도 있어야 한다. 하지만 '약식의 요리를 한다'는 마음을 버리고 한정된 재료와 시간을 가지고도 완벽에 가까운 음식을 만들어야 한다는 마음으로 임해야 하는 것이 높은 점수를 받을 수 있는 포인트이다.

맛의 대한 배점이 높기 때문에 허브와 소금을 적절히 사용해 주어야 하며 환경이 바뀌어도 일정한 맛을 낼 수 있게끔 꾸준히 훈련을 해야 한다.

기능경기대회의 개최 목적
- 지역사회의 숙련기술개발 및 기능수준의 향상 도모
- 우수한 숙련기술인을 발굴·표창함으로써 사기진작과 근로의욕 고취

대회 개요
- 대회명칭 : 00년도 지방기능경기대회 /00년도 전국기능경기대회
- 주최 : 특별시, 광역시, 도(특별자치시 및 도 포함)
- 주관 : 17개 시·도 기능경기위원회 / 개최 도시 기능경기위원회
- 후원 : 고용노동부, 국제기능올림픽대회 한국위원회(한국산업인력공단)

*2021년도 기준으로 추후 변경 또는 업데이트 될 수 있음

야채 규격과 기술
야채 손질의 기술
야채의 규격 썰기

감자 가니쉬
베르니 포테이토
윌리엄 포테이토
더치 포테이토
퐁당트 포테이토
매시트포테이토
베이키드 포테이토
보일드 포테이토
안나 포테이토
크로켓 포테이토
해쉬 브라운

달걀 요리
오믈렛
포치드 에그
스크램블 에그
보일드 에그
써니 사이드 업 에그

5대 모체 소스
베샤멜 소스
벨루테 소스
토마토 소스
브라운 소스
홀렌다이즈 소스

기초 조리
world skills

요리의 가장 원초적인 기본은 썰기이다. 기능경기대회는 출전하는 선수들의 기본기를 가장 중요시하며 그에 따른 규격 썰기와 기술 등이 있다. 기능경기대회톤 썰기가 있는 것이 아니라 몇 백 년 전부터 내려오는 서양 요리의 기본 지식으로 이 대회를 출전하기 위해 기본적으로 숙지해야 하는 것이다.

서양 요리 중 메인 요리는 특성상 프로틴(고기류), 스타치(전분류), 비타민(야채류), 소스로 구성되어야 하는데, 감자는 그중 가장 많이 활용되며, 감자조리법은 대회의 문제로도 많이 출제된다. 예를 들어 소고기 문제가 주어졌을 때에 필수 사용 재료에 감자가 포함되며 문제지에도 '안나 포테이토를 만들어 고기와 함께 곁들이시오.'라고 출제된다. 달걀 또한 만드는 기본 용어를 숙지해야 하며 5대 모체 소스를 사용 또는 응용하는 문제가 자주 출제된다.

basic

야채 규격과 기술

야채 손질의 기술

샤또 Chateau

프랑스 성곽 모양을 뜻하며 5cm 크기의 가운데가 굵고 양쪽 끝은 가늘게 손질하는 것. '썬다'기보다는 '다듬는다, 깎는다'라고 보는 게 맞다.

올리베또 Olivette

중간 부분이 둥글고 양쪽 끝이 뾰족한 올리브 모양

뚜르네 Tourner

감자나 사과, 배 등 둥근 야채나 과일 등을 껍질을 벗겨가며 둥글게 깎는 것

콩카세 Concasse

야채의 껍질을 벗겨 0.5cm 크기의 정사각형으로 써는 것
주로 토마토 껍질을 벗긴 후 썰어 놓은 것

에망세/슬라이스
Emince/Slice

야채를 얇게 저미어 써는 것

쉬포나드 Chiffonade

바질이나 시금치 등 얇은 잎을 둥글게 말아 가늘게 채 썬 것

아세/챱 Hacher/Chop

아주 곱게 다지기

캐롯 비취 Carrot Vichy

0.7cm 두께로 둥글게 썰어 준 당근의 가장자리를 둥글게 깎아 비행접시 형태로 만든 것

야채의 규격 썰기

바또네/라지 줄리앙
Batonnet/Large Julienne
0.6×0.6×6cm 길이의 네모 막대형 채소 썰기

알루메뜨/미디엄 줄리앙
Allumette/Medium Julienne
0.3×0.3×6cm 길이의 채소 썰기

파인 줄리앙 Fine Julienne
0.15×0.15×5cm 정도의 가늘게 채 썬 형태

라지 다이스 Large Dice
2×2×2cm 크기의 주사위 모양 썰기

미디움 다이스
Medium Dice
1.2×1.2×1.2cm 크기의 주사위 모양 썰기

스몰 다이스 Small Dice
0.6×0.6×0.6cm 크기의 주사위 모양 썰기

브루노아즈 Brunoise
0.3×0.3×0.3cm 크기의 주사위 형태

파인 브루노아즈
Fine Brunoise
0.15×0.15×0.15cm 크기의 주사위 형태

빼이잔느 Paysanne
1.2×1.2×0.3cm 크기의 직육면체의 납작한 형태

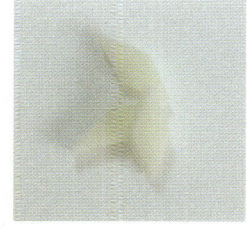

쁘랭따니어/로진
Printanier/Lozenge
두께 0.4cm, 가로세로 1cm 정도의 다이아몬드 형태로 써는 것

뤼스 Russe
0.5×0.5×3cm 크기의 길이가 짧은 각대기 형태로 써는 것

롱델 Rondelle
둥근 야채를 0.5~1cm 두께로 써는 것

감자 가니쉬

베르니 포테이토
Berny Potato

삶은 감자를 으깨어 버터와 함께 버무려 준 후 밀가루, 달걀물, 아몬드 슬라이스를 묻혀 튀긴 감자 가니쉬. 3~5cm 사이로 둥글게 튀겨 낸다. 아몬드의 색이 많이 나기 전에 꺼내 주는 것이 포인트이다.

재료

- 감자(150g)*   1ea
- 튀김유   1L

*감자는 크기에 따라 중 150g, 대 200g으로 구분함

감자 반죽

- 버터   15g
- 밀가루   some
- 달걀물*   50g
- 소금   some

*노른자를 깨서 저어 놓은 것. 색을 잘 내기 위해 사용. 소량의 물을 섞기도 함

감자 삶을 물

- 우유   300ml
- 물   500ml
- 로즈마리   1줄기
- 소금   some

만드는 방법

감자 삶기

01 감자는 반으로 잘라 준 후 우유, 로즈마리, 소금을 넣은 물에 삶아 준다.

» 점질 감자와 분질 감자의 삶는 시간이 다르기 때문에 뾰족한 도구로 삶아지는 것을 확인한다. 기능경기대회 특성상 어떤 감자가 주어질지는 모르나 한국에서 재배되는 감자는 대부분이 수미 품종으로 점질 감자이다.

02 감자는 뜨거울 때 체에 내려 으깨 준다.

감자 반죽

03 체에 내린 감자에 녹인 버터와 소금을 넣고 둥글게 빚어 준다.

04 밀가루, 달걀물을 둘러 준 후 아몬드 슬라이스를 둘러 노릇하게 튀겨 준다.

» 점질 감자
감자 내에 전분 성분이 낮은 감자로 전분의 양이 적은 대신 단백질이 많아 과육 색이 노랗다. 요리를 하면 감자의 식감은 부드럽고 촉촉하다.

» 분질 감자
감자 내 전분 성분이 높은 감자로 과육 색이 희고 감자를 익히면 보슬보슬해진다.

감자 가니쉬

윌리엄 포테이토
Williams Potatoes

서양 배 모양의 감자튀김으로 꼭지 부분에 스파게티 면을 꽂아 마무리 하는 감자 요리이다. 스파게티면을 꽂은 후 함께 튀겨 주면 스파게티면이 먼저 짙은 색이 나는 경우가 있으니, 상황에 따라 면과 감자를 따로 튀겨 준 후 꽂아 즈도록 한다.

재료

- 감자(150g) 1ea
- 버터 30g
- 밀가루 30g
- 달걀물 50ml
- 빵가루 50g
- 소금 some
- 스파게티면 2ea
- 튀김유 1L

감자 삶을 물
- 우유 300㎖
- 물 500㎖
- 로즈마리 1줄기
- 소금 some

만드는 방법

감자 삶기
01 감자는 반으로 잘라 준 후 우유, 로즈마리, 소금을 넣은 물에 삶아 준다.
02 감자는 뜨거울 때 체에 내려 으깨 준다.

반죽 후 튀기기
03 감자와 녹인 버터, 소금을 버무려 준 후 배 모양으로 성형해 준다.
04 냉장고에서 충분히 굳혀 준 후 밀가루, 달걀물, 빵가루를 둘러 180℃에 노릇하게 튀겨 준다.
05 3분 삶은 스파게티면을 살짝 튀겨준 후 꽂아 마무리해 준다.

> 감자 가니쉬

더치 포테이토
Duchess Potato

감자를 체에 내려 으깨 준 후 달걀, 소금, 후추, 넛멕 등을 넣어 짤주머니에 넣어 짜, 노른자를 바른 후 오븐에 노릇하게 구워 준 가니쉬. 때에 따라 노른자 없이 반죽이 가능하며 이때는 수분이나 버터 없이 감자만으로 반죽 후에 구워 주면 색이 더 잘 난다.

재료

- 감자(150g) 1ea
- 달걀노른자 1ea
- 소금 some
- 백후추 some
- 넛멕 some
- 달걀물* some

*감자에 발라 줄 달걀물로 노른자와 물을 1:1 비율로 섞음

감자 삶을 물

- 우유 300ml
- 물 500ml
- 소금 some
- 로즈마리 1줄기

만드는 방법

감자 삶기
01 감자는 반으로 잘라 준 후 우유, 로즈마리, 소금을 넣은 물에 삶아 준다.
02 감자는 뜨거울 때 체에 내려 으깨 준다.

더치 포테이토
03 체에 내린 후 식은 감자에 노른자, 소금, 후추, 넛멕을 넣어 버무려 준 후 깍지를 낀 짤주머니에 넣어 준다.
04 코팅된 오븐 팬에 감자를 짜 준 후 달걀물을 발라 준다.
05 200℃ 오븐에 노릇하게 색이 나게 구워 준다.

감자 가니쉬

퐁당트 포테이토
Fondante Potato

샤또 모양으로 손질한 감자를 퐁 드 뵈프와 버터에 넣어 오븐에서 익힌 감자 요리

재료

- ☐ 감자(150g)   2ea

육수

- ☐ 퐁 드 뵈프   500ml
- ☐ 버터   50g
- ☐ 로즈마리   1줄기

만드는 방법

01 감자는 샤또 모양으로 손질해 준다.
02 퐁 드 뵈프에 버터와 로즈마리를 녹여 준 후 감자를 자작하게 담가 200℃ 오븐에 넣어 준다.

↳ 허브와 마늘을 곁들여 넣어 주면 풍미가 더 좋다.

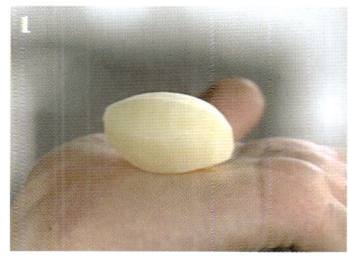

> 감자 가니쉬

매시트포테이토
Mashed Potato

가장 대중적인 감자 가니쉬로 버터와 크림이 들어가 녹진하고 부드럽다. 버터의 양은 1/3까지 감자와 어우러질 수 있으며 열이 너무 높으면 감자와 버터가 분리될 수 있다. 치즈를 넣어 풍미를 더하기도 한다.

재료

- ☐ 감자(200g) — 1ea
- ☐ 버터 — 80g
- ☐ 소금 — some
- ☐ 넛멕 — some
- ☐ 생크림 — 10ml
- ☐ 감자 삶은 물 — 150ml

감자 삶을 물
- ☐ 우유 — 300ml
- ☐ 물 — 500ml
- ☐ 소금 — some
- ☐ 로즈마리 — 1줄기

만드는 방법

감자 삶기

01 감자는 반으로 잘라 준 후 우유, 로즈마리, 소금을 넣은 물에 삶아 준다.
02 감자는 뜨거울 때 체에 내려 으깨 준다.
03 감자 삶은 물은 버리지 말고 깨끗하게 걸러내어 준다.

매시트포테이토 만들기

04 냄비에 감자를 넣고 버터 30g을 넣어 버무려 준다.
05 버터가 녹으면 다시 30g을 넣어 준 후 약한 불에서 천천히 버무려 준다.
06 감자 삶은 물을 3번에 걸쳐 천천히 섞어 주며 감자가 부드러워지고 주걱에 엉길 정도로 버무려 준 후 마지막 버터를 넣고 소금과 넛멕으로 간을 하고 버무려 준다.
07 크림을 넣어 맛을 더해 준다.

> 감자 가니쉬

베이키드 포테이토
Baked Potato

통감자에 양념을 한 후 쿠킹 호일로 감싸 통째로 오븐에 구운 감자 요리. 다 익은 감자는 십자 형태로 잘라 준 후 사우어 크림을 올려 준다.

재료

☐ 감자(200g)	1ea
☐ 버터	50g
☐ 소금	some
☐ 로즈마리	some

사우어크림과 가니쉬

☐ 사우어크림	100g
☐ 다진 베이컨	30g
☐ 차이브	some

만드는 방법

01 감자는 깨끗이 씻은 후 소금을 뿌리고 버터로 마사지해 준다.
02 로즈마리를 둘러 준 후 쿠킹호일로 감싸 200℃ 으븐에 약 50분간 익혀 준다.
03 마른 타월이나 장갑으로 쿠킹호일에 감자를 밀착시킨 후 십자 형태로 감자를 잘라 준다.
04 사우어크림을 얹어 준 후 다져 볶은 베이컨과 차이브를 올려 준다.

감자 가니쉬

보일드 포테이토
Boiled Potato

손질한 감자를 물에 삶은 후 정제 버터와 파슬리를 뿌려 마무리 한 감자 가니쉬

재료

☐ 감자(200g)	1ea
☐ 정제 버터	50ml
☐ 파슬리	some

감자 삶을 물

☐ 물	1L
☐ 버터	30g
☐ 로즈마리	some
☐ 소금	1ts

만드는 방법

01 감자는 올리베또 모양으로 손질 후 우유, 로즈마리, 소금을 넣은 물에 약 5~6분간 삶아 준다.

02 삶아 준 감자는 건져 준 후 정제 버터를 두르고 다진 파슬리를 뿌려 준다.

감자 가니쉬

안나 포테이토
Anna Potato

두께 0.2cm, 지름 2.5~3cm 정도의 감자를 버터를 두른 팬에 원형으로 겹쳐가며 구운 감자 가니쉬

재료	
□ 감자(150g)	1ea
□ 버터	50g
□ 소금	some

만드는 방법

01 감자는 0.2cm, 지름 2.5~3cm의 원형 크기로 손질해 준다.
02 소금을 뿌려 준 후 수분을 충분히 제거해 준다.
03 팬에 버터를 두른 후 감자를 원형으로 둘러 준 후에 불을 올려 준다.
04 약한 불에서 천천히 노릇하게 익혀 준다.

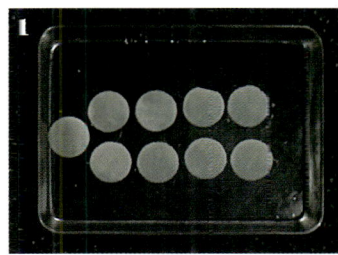

감자 가니쉬

크로켓 포테이토
Croquette Potato

감자를 삶아 으깨 준 후 소금, 넛멕, 버터를 넣고 밀가루, 달걀물, 빵가루에 버무려 튀긴 것으로 다양한 요리로 변화할 수 있다. 다진 야채나 버섯, 고기 등을 넣어 풍미를 더할 수 있다.

재료

- ☐ 감자(150g) 1ea
- ☐ 버터 30g
- ☐ 달걀노른자 1ea
- ☐ 넛멕 some
- ☐ 밀가루 30g
- ☐ 달걀물 50ml
- ☐ 빵가루 50g
- ☐ 소금 some
- ☐ 튀김유 1L

감자 삶을 물
- ☐ 우유 300ml
- ☐ 물 500ml
- ☐ 소금 some
- ☐ 로즈마리 1줄기

만드는 방법

감자 삶기
01 감자는 반으로 잘라 준 후 우유와 로즈마리, 소금을 넣은 물에 삶아 준다.
02 감자는 뜨거울 때 체에 내려 으깨 준다.

반죽 후 튀겨주기
03 체에 내린 감자에 소금, 넛멕, 버터, 달걀노른자를 넣어 지름 2cm, 길이 5cm 가량의 크기로 반죽을 만들어 준다.
04 밀가루, 달걀물, 빵가루를 묻혀 준 후 튀겨 준다.

4-1

4-2

감자 가니쉬

해쉬 브라운 포테이토
Hash Brown Potato

아침 조식의 대표적인 감자 요리르 주로 달걀 요리와 함께 곁들여 준다.

재료

- ☐ 감자(150g)   ea
- ☐ 버터   50g
- ☐ 파마산 치즈   5g
- ☐ 소금   some
- ☐ 밀가루   30g
- ☐ 우유   30ml
- ☐ 다진 양파   30g
- ☐ 샐러드유   30ml

만드는 방법

01 감자는 소금을 넣은 물에 삶아 준 후 껍질을 벗기고 충분히 식혀 준다.
02 강판에 길게 갈아 준 후 버터, 치즈, 소금, 밀가루, 우유, 다진 양파를 넣고 반죽을 해 준다.
03 오일을 두른 팬에 노릇하게 익혀 준다.

> 달걀 요리

오믈렛
Omelet

달걀 요리하면 제일 먼저 떠오르는 요리이다. 고기나 야채들을 넣어 다양한 레시피로 활용할 수 있다.

재료

- ☐ 달걀　　　　　3ea
- ☐ 우유　　　　　50ml
- ☐ 생크림　　　　50ml
- ☐ 정제 버터　　　50g
- ☐ 소금　　　　　1/2ts
- ☐ 샐러드유　　　30ml

만드는 방법

01 달걀을 체에 내려 준다.
02 우유, 크림, 정제 버터, 소금을 넣어 섞어 준다.
03 코팅된 팬에 기름을 두르고 열을 가해 준다.
04 달걀을 넣어 응고되는 순간에 비틀 듯이 저어 스크램블을 만들어 준다.
05 팬을 기울여 준 후 팬 가장자리를 두드려 스크램블을 덮어 주듯이 말아 준다.

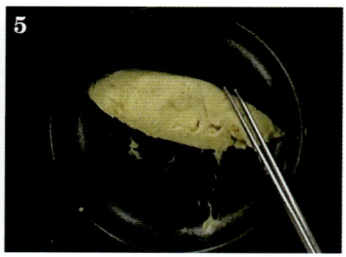

> 달걀 요리

포치드 에그
Poached Egg

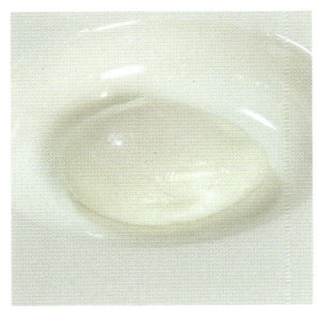

식초물에 삶은 달걀로 직역하자면 수란이라고 한다. 에그 베네딕트, 생선 요리에 잘 어울리며 삶아 준 후 식초물을 제거해 주는 것이 포인트이다. 신선한 달걀을 사용해야만 모양이 잘 나온다.

재료

- [ ] 달걀   2ea
- [ ] 물   1L
- [ ] 식초   50㎖
- [ ] 소금   some

만드는 방법

01 물에 식초, 소금을 넣고 열을 가해 준다.
02 100℃보다 조금 낮은 온도로 자글자글 끓기 시작하면 물을 한 방향으로 저어 회오리를 만들어 준다.
03 달걀을 넣어 3분가량 삶아 반숙을 만들어 준다.
04 차가운 물에 헹구어 오버쿡이 되는 것을 막고 식초의 산을 제거해 준다.

> 달걀 요리

스크램블 에그
Scrambled Egg

아침 메뉴로 인기 있는 달걀 요리로 완숙이되 달걀이 마르지 않게 촉촉하게 조리하는 것이 포인트이다.

재료

- ☐ 달걀　　　　　5ea
- ☐ 우유　　　　　100ml
- ☐ 생크림　　　　50ml
- ☐ 정제 버터　　　50g
- ☐ 소금　　　　　1ts
- ☐ 샐러드유　　　30ml

만드는 방법

01 달걀은 체에 내려 준다.
02 우유, 크림, 정제 버터, 소금을 넣어 섞어 준다.
03 코팅된 팬에 기름을 두르고 열을 가해 준다.
04 달걀을 넣어 응고되는 순간에 비틀 듯이 저어 스크램블을 만들어 준다.
05 불을 줄이고 예열로 천천히 익혀 달걀이 오버쿡되는 것을 방지한다.

» 다진 파슬리, 치즈 가루를 더하면 좋다.

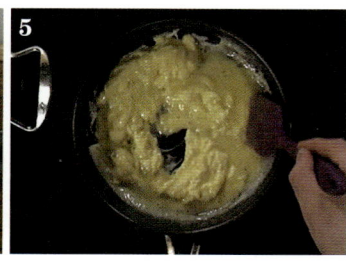

달걀 요리

보일드 에그
Boiled Egg

달걀은 8분가량 한 방향으로 저어 주며 삶아 노른자가 가운데로 오게 만들어 준다.

재료	
☐ 달걀	5ea
달걀 삶는 물	
☐ 물	1L
☐ 식초	1Ts
☐ 소금	some

만드는 방법

반숙
8분 삶은 후 찬물에 식혀 준다.

완숙
10분 삶은 후 찬물에 식혀 준다.

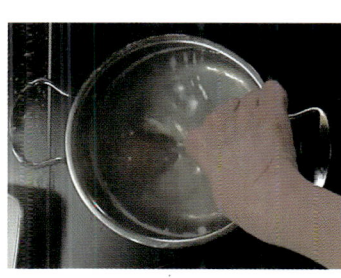

> 달걀 요리

써니 사이드 업 에그
Sunny Side Up Egg

둥근 해가 뜨는 모양의 달걀 프라이 조리 방식으로 노른자는 그대로 놓아두고 흰자만 익히는 방식이다. 써니 사이드 업에서 뒤집어 한쪽만 살짝 익힌 오버 이지 Over easy, 오버 웰던 Over Well Done, 반숙, 완숙 달걀 프라이도 있다.

재료

- 달걀   1ea
- 샐러드유   30ml
- 소금   some

만드는 방법

01 팬에 오일을 넣어 준 후 약한 불로 예열해 준다.
02 달걀을 깨서 넣어 준 후 흔들리지 않게 천천히 익혀 준다.
03 흰자만 익어 응고되면 소금을 뿌려 준 후 노른자가 터지지 않게 접시로 옮겨 준다.

> 5대 모체 소스

베샤멜 소스
Bechamel Sauce

클래식 서양 5대 모체 소스 중 하나로 흰색 소스의 대명사이다. 화이트 루를 만들고 향을 낸 우유를 넣어가며 소스를 만드는데, 용도에 따라 농도를 맞추어 사용한다. 소스 그 자체 말고도 수프, 피자, 라자냐 등에 폭넓게 쓰인다.

재료

- ☐ 중력분 100g
- ☐ 버터 120g

우유
- ☐ 우유 1L
- ☐ 월계수잎 1줄기
- ☐ 양파 30g
- ☐ 정향 some
- ☐ 통후추 some
- ☐ 소금 1ts

만드는 방법

화이트 루
01 냄비에 버터를 넣고 약불로 버터를 녹여 준다.
02 버터가 막 녹기 시작하면 체어 친 고운 밀가루를 넣어 준다.
03 약불로 유지하며 색을 내지 않고 천천히 볶는다.
» 밀가루가 버터에 엉긴다고 끝이 아니라 충분히 볶아 주어야 밀가루 풋내를 없앨 수 있다.

베샤멜 소스
04 냄비에 우유, 소금, 정향, 후추, 월계수잎, 다진 양파를 넣고 끓여 준다.
05 끓기 시작하면 불을 끄고 고운체에 내려 준다.
06 냄비에 화이트 루를 넣고 약불로 불을 조절해 준다.
07 우유를 천천히 넣어가며 저어 주며 용도에 따라 우유를 조절하여 농도를 맞춘다.
» 우유를 한 번에 부으면 루가 퍼지지 않고 덩어리가 지니 주의해야 한다.

2

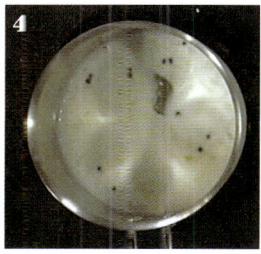
4

7-1

7-2

> 5대 모체 소스

벨루떼 소스
Veloute Sauce

베샤멜 소스와 더불어 흰색 소스의 대명사이며 베샤멜과의 차이는 퐁 스톡을 넣어 마무리하여 풍미가 더 깊다는 점이다. 퓌메 드 푸아송 피쉬 스톡, 퐁 드 보 송아지 스톡, 퐁 드 볼라유 치킨 스톡 등을 넣는다.

재료

- ☐ 중력분   100g
- ☐ 버터   120g
- ☐ 퓌메 드 푸아송*   1L

*〈SAUCE & BASICS Cook Book〉 70쪽 참고

만드는 방법

화이트 루
01 냄비에 버터를 넣고 약불로 버터를 녹여 준다.
02 버터가 막 녹기 시작하면 체에 친 고운 밀가루를 넣어 준다.
03 약불로 유지하며 색을 내지 않고 천천히 볶는다.
» 밀가루에 버터가 엉긴다고 끝이 아니라 충분히 볶아 주어야 밀가루 풋내를 없앨 수 있다.

벨루떼 소스
04 퓌메 드 푸아송은 따뜻하게 데워 준다.
» 스톡이 차가우면 루가 잘 풀어지지 않고 덩어리진다.
05 냄비에 화이트 루를 넣어 준다.
06 따뜻한 스톡을 3번 가량 천천히 나누어가며 저어 루를 풀어 준다.
07 벨루떼 소스의 농도를 봐 가며 스톡을 넣어 주고 고운체에 내려 마무리해 준다.

1

6

7-1

7-2

> 5대 모체 소스

토마토 소스
Tomato Sauce

다른 어떤 소스보다 다중적이고 다양한 레시피가 있다. 토마토 홀로 만드는 소스가 일반적이지만 클래식하게 프레쉬한 토마토와 페이스트를 혼용하여 만들기도 한다. 파스타나 수프에 적극 활용되며 그 자체를 빵에 발라 먹어도 좋다.

재료

- [ ] 완숙 토마토　　　　500g
- [ ] 토마토 페이스트　　 50g
- [ ] 화이트 와인　　　　50ml
- [ ] 양파　　　　　　　 50g
- [ ] 마늘　　　　　　　 10g
- [ ] 바질　　　　　　　 some
- [ ] 월계수잎　　　　　 1줄기
- [ ] 소금　　　　　　　 1ts
- [ ] 설탕　　　　　　　 1ts
- [ ] 물　　　　　　　　 500ml
- [ ] 버터　　　　　　　 1Ts

만드는 방법

01 완숙 토마토는 껍질을 벗겨 준 후 스몰 다이스 해 준다.
02 양파와 마늘을 곱게 다져 준다.
03 냄비에 버터를 두르고 양파와 마늘을 볶아 준다.
04 토마토를 넣어 준 후 향이 올라오면 페이스트를 넣어 꾸덕하게 볶아 준다.
05 화이트 와인을 넣어 졸여 준 후 물을 넣어 끓여 준다.
06 다진 바질과 월계수잎, 소금, 설탕을 넣고 30분간 끓여 맛과 풍미를 더해 준다.

*기능경기대회는 요리대회 특성상 한정된 시간 안에 소스를 만들어야 하기 때문에 약식의 레시피로 작성했다.

> 5대 모체 소스

브라운 소스
Brown Sauce

브라운 소스는 데미글라스 같은 갈색 소스를 총칭하며 퐁 드 보(송아지 육수)를 기초로 많이 사용한다. 육수를 내리는 주재료의 종류에 따라 수식어가 바뀌기도 한다.

재료

구운 뼈
- 소 잡뼈 — 1kg
- 소 힘줄 — 100g
- 밀가루 — some
- 물 — 5L
- 월계수잎·정향·통후추 — some

미르푸아
- 양파 — 300g
- 당근 — 100g
- 마늘 — 50g
- 셀러리 — 100g
- 토마토 페이스트 — 50g
- 레드 와인 — 100ml
- 샐러드유 — 50ml

레드 와인 리덕션
- 레드 와인 — 300ml
- 로즈마리 — some

만드는 방법

뼈 굽고 끓이기

01 소 뼈와 힘줄은 밀가루를 묻히고 오븐팬에 올려 준 후 220℃ 오븐에 20분간 노릇하게 구워 준다.

02 데글라세 기름 제거 후 뼈를 물에 넣고 월계수잎, 정향, 통후추를 넣고 끓여 준다.

미르푸아 넣기

03 양파, 당근, 셀러리, 마늘은 손질 후 오일을 두른 팬에 노릇하게 볶아 준다.

04 야채 색이 나면 토마토 페이스트를 넣어 한 번 더 볶아 준 후 레드 와인을 넣어 데글라세 해 준다.

마무리

05 대회 특성상 2시간 안에 소스를 끓여 농축해 주어야 하고, 로즈마리를 넣은 레드 와인을 졸인 레드 와인 리덕션을 넣어 색과 향을 내 준다.

» 루를 넣지 않고 농도가 나오려면 고운체에 걸러 준 후 계속 졸여 농도를 내 주는데 마무리로 버터 몽테를 해 주는 방법도 있다. 중요한 건 3인분의 소스만 만들면 되기 때문에 많은 양보다 최대한 졸여 농도를 맞추어 준다.

> 5대 모체 소스

훌렌다이즈 소스/소스 올랑데즈
Sauce Hollandaise

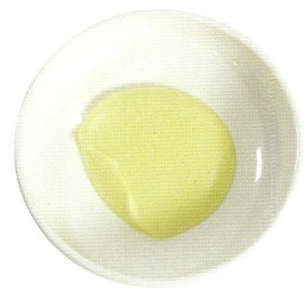

생선, 야채, 달걀 요리에 잘 어울리는 대표 소스로 부드럽고 깊은 맛을 가지고 있다.

재료

- 달걀노른자　　2ea
- 화이트 와인　　150ml
- 파슬리　　some
- 양파　　10g
- 레몬즙　　some
- 정제 버터　　50ml
- 소금　　some

만드는 방법

화이트 와인 리덕션

01　화이트 와인에 파슬리, 양파, 소금을 넣고 천천히 끓여 준다.
02　반으로 줄면 체에 걸러 준 후 식혀 준다.

사바용 소스

03　차갑게 식은 화이트 와인 리덕션을 믹싱볼에 넣어 준 후 노른자를 풀어 준다.
04　넓은 냄비에 물을 끓이고 믹싱볼을 올려 중탕으로 휘핑 해 준다.
05　빠르게 8자로 휘핑 해 주며 거품이 일게끔 만들고 그 부피감을 유지하며 노른자를 익힌다.

홀렌다이즈 소스

06　중탕 냄비에서 꺼내 준 후 믹싱볼을 고정 후 정제 버터를 벽을 타고 천천히 넣어 휘핑 해 준다.
07　레몬즙을 넣어 풍미를 더해 준다.
08　부피감은 살짝 줄지만 소스가 크리미 해지고 광택이 난다.

핫애피타이저
플랫 피쉬 | 라운드 피쉬 | 해산물

메인
돼지 | 소 | 닭 | 양 | 오리

디저트
미니어처 타르트 응용 |
플레이팅 디저트 응용

레시피
world skills

기능경기대회는 서양 요리, 그 중 프랑스 정찬 요리에 집중되어 있다. 문제의 유형은 매년 바뀔 수 있지만 기본적으로 애피타이저, 메인, 디저트의 큰 틀을 유지한다고 보면 된다. 애피타이저 같은 경우는 콜드애피타이저, 핫애피타이저로 나뉠 수 있고 메인만 하더라도 가금류, 소, 돼지, 양 등 다양한 육류를 사용할 수도 있다. 요리대회 디저트는 미니어처 디저트 쁘띠가토 와 플레이팅 디저트로 나뉜다.

이 책의 레시피는 애피타이저, 메인, 디저트의 문제들을 이해하고 응용하기 위한 기초 메뉴들이다. 예를 들어 연어가 주재료인 레시피는 연어 대신 도미, 농어 같은 생선을 사용하여 응용할 수 있다. 메인 요리의 육류도 교차 응용하여 메뉴 구성을 하여도 된다.

매 시즌마다 다를 수 있지만 경연 한 달 전 식자재 리스트와 문제지가 출제되면 주재료와 부재료를 확인 후 레시피를 작성하고 연습에 들어간다. 일반적으로는 문제에 조리법이 명시되어 있지만 '고기는 2가지 조리법으로 조리하시오' 등으로 문제의 난이도가 높아질 수도 있기에 책에 나와 있는 조리방식을 숙지한다면 문제를 푸는 데 도움이 될 것이다.

핫애피타이저

플랫 피쉬

주재료 : 플랫 피쉬

플랫 피쉬는 말 그대로 납작한 생선인 광어, 넙치, 도다리 같은 생선을 뜻한다. 기능경기대회 중 핫애피타이저앙트레에 자주 등장하는 재료이다. 생선을 손질 후 뼈와 살을 발라 준비하는데 뼈로는 스톡퓌메을 만든 후 소스에 응용하고 필렛살은 다양한 요리로 표현할 줄 알아야 한다.

식자재 리스트

□ 광어	500g	□ 애호박	1ea
□ 흰 새우살	100g	□ 생크림	300ml
□ 버터	500g	□ 달걀	2ea
□ 레몬	1ea	□ 화이트 와인	500ml
□ 올리브유	100ml	□ 우유	500ml
□ 파슬리	10g	□ 소금	50g
□ 마늘	50g	□ 설탕	50g
□ 양파	2ea	□ 통후추	50g
□ 당근	2ea		

★ 출제문제
1 광어는 2가지 조리법을 사용하시오.
2 광어 뼈로 스톡을 만들고 그 스톡으로 2가지 소스를 만드시오.
3 3가지 각기 다른 야채 가니쉬를 곁들이시오.

뵈르 누아젯트 한 광어·퓌메 드 푸아송에 포칭한 새우를 넣은 광어 무스·빈 블랑 소스와 사바용 소스·양파 퓌레와 구운 애호박· 글레이징 한 올리베또 당근

Beurre noisette halibut, fumet de poisson poached shrimp with halibut mousse, vin blanc sauce, sabayon sauce, onion puree, roasted green pumpkin, glazed olivette carrot

광어와 가자미는 기능경기대회의 단골 출제 재료이다. 뼈와 살을 분리한 후 조리해야 하는 문제가 나오는 경우가 많기 때문에 생선 손질에 대한 훈련을 꾸준히 해야 한다. 광어는 갈색 버터를 끼얹어 조리하는 뵈르 누아젯트와 새우 무스를 채워 포치드하여 2가지 조리법으로 표현하였다. 광어 뼈로 퓌메 드 푸아송을 만들고 빈 블랑 소스로 응용해 본다.

주재료 * 광어 | **조리법** * 팬 프라잉, 뵈르 누아젯트, 포칭 | **응용소스** * 빈 블랑 소스, 사바용 소스

타임 테이블

1. **재료 세척 및 분류** · · · ·
   - 세척 시에 물기를 바로 닦아 준 후 준비된 재료 통에 나누어 놓는다.

2. **생선 손질과 새우 손질** · · · ·
   - 생선은 트리밍 후 뼈는 찬물에 담가 불순물을 빼 주어 퓌메 드 푸아송을 만들 준비를 하고 생선 필렛은 랩핑 후 냉장고에 넣어 준다.
   - 무스용 필렛은 크림을 넣고 갈아 냉장고에 보관해 준다.
   - 새우가 껍질과 머리가 있다면 이때 손질해 준다.

3. **야채 손질** · · · ·
   - 야채는 칼로 손질을 한 후 오래 삶아야 하는 야채나 끓이는 퓌레 같은 경우는 냄비에 넣어 조리해 준다.
   - 완성된 야채는 중탕으로 데워 나갈 수 있게 준비해 놓는다.
   - 빈 블랑 소스나 사비용 소스에 들어갈 양파나 허브 등도 준비해 준다.
   - » 식어도 다시 데울 수 있는 소스는 이때 만들어 완성해 주어도 좋다.

4. **주 요리 만들기** · · · ·
   - 뵈르 누아젯트 할 생선은 굽기 전 소금 간을 해 주고 새우를 채운 광어 무스도 조리를 해 준다.

5. **완성하기** · · · ·
   - 생선은 뵈르 누아젯트하며 익혀 주고 완성해 놓은 가니쉬, 소스들은 중탕으로 데우거나 냄비로 다시 따뜻하게 조리해 준비해 준다.
   - 접시를 오븐에 데우고 누아젯트 한 생선과 포칭한 무스가 완성되는 시간에 맞추어 꺼내고 데운 야채와 함께 접시에 플레이팅 해 준다.

작업 포인트

가니쉬는 만들어 놓은 후 접시에 담기 전 따뜻한 온도로 준비해 주어야 한다. 뵈르 누아젯트 한 생선 같은 경우는 종료 시간에 맞추어 조리를 하는 것이 포인트다.

뵈르 누아젯트 한 광어와 퓌메 드 푸아송

재료

- ☐ 광어   1ea
- ☐ 버터   80g
- ☐ 레몬   1/4ea
- ☐ 퓨어 올리브유   15ml
- ☐ 파슬리   10g
- ☐ 마늘   1ea
- ☐ 소금   some

미르푸아

- ☐ 양파   50g
- ☐ 당근   25g
- ☐ 통후추   some

*퓌메 드 푸아송 만드는 방법
〈SAUCE & BASICS Cook Book〉
70쪽 참고

만드는 방법

01 광어는 뼈와 필렛을 분리 손질 후 누아젯트용과 무스용을 분리해 놓고 누아젯트용은 굽기 직전 소금 간을 해 준다.

02 생선 뼈는 찬물에 담가 불순물을 제거해 준 후 미르푸아를 사용하여 퓌메 드 푸아송*을 만들어 준다.

03 팬에 버터와 올리브유를 둘러 준 후 버터가 녹으면 광어를 올려 준다.

04 저민 마늘과 파슬리, 레몬을 넣어 준 후 버터에서 열이 올라 거품이 일기 시작하면 수저로 끼얹어 가며 익혀 준다.

05 버터가 갈색이 되면 온도를 낮추어 버터가 타지 않게 광어를 익혀 주고 트레이에 꺼내 기름을 제거해 준 후 접시에 놓는다

» 생선은 레스팅하지 않아도 된다.

Tip 생선 손질

01 생선 세척과 비늘 제거
02 양쪽 끝으로 칼집을 넣어 뼈와 살 분리
03 비늘의 끝부분부터 칼을 넣어 비늘과 살 분리

광어 필렛은 손질 후 문제에 명시된 중량으로 소분하여 남은 부분은 버리지 말고 냉장고에 밀봉해 넣어 놓는다. 이 문제의 경우 뵈르 누아젯트용 광어와 무스용 광어를 따로 소분해 놓으면 좋다. 사용하고 남은 부분은 경기 종료 후 관리위원에게 제출하면 된다. 쓰레기통에 남아 있는 잔여물도 재료 손질의 숙련도로 보기에 주의해야 한다.

포칭한 새우를 넣은 광어 무스

재료

- ☐ 광어 필렛 200g
- ☐ 흰다리새우 살 60g
- ☐ 생크림 15ml
- ☐ 달걀흰자 30g
- ☐ 소금 some
- ☐ 설탕 some
- ☐ 레몬 제스트 some

만드는 방법

01 무스용 광어는 크림, 소금, 설탕을 넣고 곱게 갈아 준 후 체에 내려 준다.
02 흰자는 휘핑을 쳐 머랭을 만들어 준다.
03 흰자 머랭을 광어 무스와 섞어 준 후 다진 새우와 레몬 제스트를 넣고 랩으로 말아 준다.
04 완성된 무스에 구멍이 생기지 않게 꼬지로 구멍을 뚫어 기포를 제거한다.
05 60℃ 따뜻한 물에 20분간 넣어 모양을 응고시켜 준 후 랩을 벗겨 잘라 준다.
06 잘라 준 후 찜기에 30초 정도 데우거나 따뜻한 퓌메 드 푸아송에 담가 준 후 접시에 담는다.

빈 블랑 소스

재료

- [ ] 퓌메 드 푸아송   100ml
- [ ] 양파   30g
- [ ] 화이트 와인   50ml
- [ ] 버터   100g
- [ ] 소금   some
- [ ] 설탕   some
- [ ] 파슬리   some

만드는 방법

01 화이트 와인에 다진 양파와 소금, 설탕, 파슬리를 넣고 자작하게 졸여 준다.
02 퓌메 드 푸아송을 넣고 끓여 다시 자작하게 졸여 준다.
03 버터를 넣고 몽떼해 준다.
04 고운체에 걸러 준다.

사바용 소스

재료

- 퓌메 드 푸아송   100ml
- 달걀노른자   1ea
- 화이트 와인   100ml
- 파슬리 줄기   some
- 양파   30g
- 소금   some
- 통후추   some

만드는 방법

01 화이트 와인과 퓌메 드 푸아송을 섞고 다진 양파와 파슬리 줄기, 소금과 통후추를 넣고 반으로 졸여 준 후 체에 걸러 식혀 준다.

02 노른자를 넣고 중탕에서 거품을 내며 사바용 소스를 만들어 준다.

3가지 야채

재료

- 당근 150g
- 양파 100g
- 애호박 50g
- 우유 500ml
- 버터 120g
- 당근 삶을 퓌메 드 푸아송 500ml
- 글레이징용 퓌메 드 푸아송 60ml
- 설탕 30g
- 파슬리 some

만드는 방법

01 양파는 곱게 채 썬 후 냄비에 버터 30g을 넣고 볶아 노릇하게 색을 내 준다.
02 갈색으로 볶은 양파에 우유를 넣고 끓여 곱게 갈아 퓌레를 만들어 준다.
03 애호박은 다이스로 손질 후 버터 30g에 노릇하게 구워 준다.
04 당근은 올리베또로 깎아 준 후 파슬리와 버터 30g을 넣은 퓌메 드 푸아송에 4분간 삶아 준 후 설탕 30g, 버터 30g, 퓌메 드 푸아송을 섞은 용액에 글레이징 해 준다.

출제 문제 예시

직 종 명	요리	과제명	Fish Pasta	과제번호	제2과제
경기시간	120분	비번호		심사위원 확인	(인)

1. 요구사항	1. 후레쉬 치즈와 생선살을 넣어 만든 2가지 색의 라비올리를 만들고 토마토 소스를 곁들여 따뜻한 전채 요리를 만드시오. 2. 비트와 샤프란을 이용하여 2가지 색의 라비올리 반죽을 만드시오. 3. 리코타 치즈와 으깬 생선살을 함께 버무려 라비올리를 만드시오. 4. 라비올리는 5cm x 5cm 크기로 만드시오. 5. 토마토 소스를 만들어 곁들이시오. 6. 라비올리 3개와 2가지 이상의 채소를 곁들여 담아내시오.
2. 필수사용 재료	1. 밀가루 2. 도미살 3. 비트 4. 샤프란 5. 우유
3. 유의사항	가. 밀가루 반죽 농도에 유의하시오. 나. 2가지 색이 확실히 나는지 확인하고 속 재료의 조화에 유의하시오. 다. 토마토 소스의 농도에 유의하시오. 라. 라비올리는 1인분 3pcs를 만드는 것에 유의하시오. 마. 재료 특성에 맞는 조리법과 조화와 창의성 및 익힘 정도에 유의하시오.
4. 규정사항	가. 지급된 재료 이외의 것은 사용하지 않으며 식재료의 추가지급은 하지 않는다. 나. 완성된 요리의 온도, 익힘 정도 등은 그 요리의 특성에 맞도록 한다. 다. 모든 작업은 위생적으로 하며 정리 정돈을 한다. 라. 사용 할 수 있는 남은 재료는 버리지 않는다. 마. 필수사용 재료는 반드시 사용해야 하며, 미사용 시 해당 과제는 0점 처리한다.

라비올리 응용 과제 사진

비트로 색을 낸 2가지 색의 치즈를 넣은 라비올리, 토마토 소스와 시금치 퓨레

2색 라비올리 팁

- 라비올리 반죽 농도에 유의해야 한다. 두 가지 색을 만들어 마르지 않게 보관하여 균일하게 밀어 면을 데친 후에도 수축이 다르지 않게 만든다.
- 지급된 재료는 최대한 활용하되 버리는 것을 최소한으로 해야 한다.
- 전처리 과정에서 밀가루가 날려 테이블이 지저분해지는 것을 주의한다.

| 핫애피타이저 |

라운드 피쉬

주재료 : 라운드 피쉬

라운드 피쉬는 고등어, 연어, 도미 같은 정면으로 보았을 때 둥근 형태의 일반적인 생선을 뜻하며 기능경기대회에서는 연어 같은 큰 생선은 필렛만 따로 재료로 지급하기도 한다. 도미나 농어 같은 생선은 뼈와 살을 분리해 뼈로 퓌메 드 푸아송을 만들어 소스에 응용하는 문제가 자주 나온다.

식자재 리스트

☐ 연어	500g	☐ 버터	1kg
☐ 샐러드유	100ml	☐ 레몬	1ea
☐ 튀김유	3L	☐ 케이퍼	50g
☐ 화이트 와인	100ml	☐ 양파	1ea
☐ 화이트 와인 식초	100ml	☐ 샬롯	3ea
☐ 우유	3L	☐ 단호박	300g
☐ 마늘	50g	☐ 아스파라거스	3ea
☐ 소금	50g	☐ 파슬리	10g
☐ 설탕	50g	☐ 중력분	500g
☐ 백후추	10g	☐ 정향	5g
☐ 통후추	10g	☐ 달걀	5ea
☐ 양송이버섯	100g	☐ 빵가루	50g
☐ 아몬드 슬라이스	30g	☐ 월계수잎	2ea
☐ 감자	2ea	☐ 식초	300ml

★ 출제문제
1. 연어를 2가지 방법으로 조리하고 연어 껍질은 칩을 만드시오.
2. 1가지 이상의 소스를 곁들이시오.
3. 양송이버섯은 플루팅 해 준 후 베샤멜 소스에 글레이징 해주시오.
4. 베르니 포테이토를 만들어 곁들이시오.
5. 2가지 이상의 야채 가니쉬를 곁들이시오.

팬에 구운 연어와 연어를 채워 튀긴 크로켓·
뵈르 블랑 소스와 베샤멜에 글레이징 한 양송이·
베르니 포테이토와 단호박 퓌레, 구운 아스파라거스

Pan seared salmon, salmon croquette, beurre blanc sauce, bechamel sauce glazed button mushroom, berny potato, pumpkin puree, roasted asparagus

연어는 기능경기대회에 가장 많이 나오는 생선 중의 하나이다. 통상 ˇ마리가 나올 경우는 드물고 g 단위로 나누어 준다. 가끔 비슷한 송어가 문제로 제시되어 손질 테크닉을 보기 때문에 전체적으로 크게 한 마리씩 손질해 보는 것도 좋은 경험이 된다. 연어의 살은 온도에 특히 민감하다. 40℃만 가열하여도 단백질 변성이 일어나 부드럽고 부서지기 쉽다. 또한 그만큼 열전도율이 높아 오버 쿡이 되기도 쉽다.

주재료 * 연어　　|　　**조리법** * 시어링, 딥 프라이　　|　　**응용소스** * 뵈르 블랑 소스, 베샤멜 소스

타임 테이블

1 재료 세척 및 분류 ····
- 세척 시에 물기를 바로 닦아 준 후 준비된 재료 통에 나누어 놓는다.

2 연어 손질과 껍질 ····
- 연어는 껍질과 필렛을 분리 후 필렛을 랩으로 감싸 주고 냉장고에 보관해 준다.
- 크로켓에 들어갈 연어는 따로 준비해 놓는다.
- 바삭한 껍질을 만들기 위해서는 조리 시간이 충분히 필요하기 때문에 초반에 익히는 것이 좋다.

3 야채 손질 ····
- 야채는 칼로 손질을 한 후 오래 삶아야 하는 야채나 끓이는 퓌레 같은 경우는 냄비에 넣어 조리해 준다.
- 완성된 야채는 중탕으로 데워 나갈 수 있게 준비해 놓는다.
- 크로켓용 감자도 으깨어 놓는다.
- 뵈르 블랑 소스나 베샤멜 소스에 들어갈 양파나 허브 등도 준비해 준다.
  » 식어도 다시 데울 수 있는 소스는 이때 만들어 완성해 주어도 좋다. 베샤멜 소스는 식으면 빠르게 굳기 때문에 시간을 염두해 두고 조금 더 질게 만들어 주는 것을 추천한다.

4 주 요리 만들기 ····
- 연어는 굽는 아로제용과 크로켓용을 분류해 놓는다.
- 아로제용 연어는 굽기 전 소금간을 해 준 후 아로제로 익혀 주고 크로켓용 연어는 으깨어 빚어 튀겨 준다.
- 뵈르 블랑 소스, 베샤멜 소스를 만들어 준다.

5 완성하기 ····
- 완성해 놓은 가니쉬, 소스들은 중탕으로 데우거나 냄비로 다시 따뜻하게 조리해 준비해 준다.
- 접시를 오븐에 데우고 아로제 한 연어와 튀긴 크로켓이 완성되는 시간에 맞추어 꺼내고 데운 야채와 함께 접시에 플레이팅 해 준다.

작업 포인트

베샤멜 소스는 만들어 놓은 후 식으면 바로 굳으니 접시에 담기 전 버섯에 글레이징 해 준다. 튀김 또한 식으면 다시 데우기 어려우니 가니쉬의 마지막에 튀겨 준 후 기름을 빼고 접시에 담는 방법을 추천한다.

팬에 구운 연어와 껍질 칩

재료

- 연어 필렛 300g
- 샐러드유 50ml
- 마늘 1ea
- 소금 some
- 레몬 1쪽
- 케이퍼 some
- 연어 껍질 20g

만드는 방법

01. 연어 필렛은 굽기 전에 소금 간을 해 준다.
02. 팬에 기름을 두르고 수분을 뺀 연어를 넣어 준다.
03. 레몬과 케이퍼, 마늘을 넣어 향을 내 준다.
04. 연어는 한쪽 면만 굽고 아로제를 해 가며 내부 온도 50℃ 가량으로 마무리한다.
05. 연어 껍질은 소금을 뿌려 수분을 제거한다.
06. 팬에 종이호일을 깔고 수분을 제거한 연어 껍질을 올려 준 후 약한 쿨에 눌러 주며 굽는다.

연어 크로켓

재료

- 연어 필렛 100g
- 삶아 으깬 감자 100g
- 다진 양파 10g
- 다진 양송이버섯 10g
- 중력분 some
- 달걀물 50g
- 빵가루 50g
- 튀김유 1L

만드는 방법

01 연어는 데쳐 준 후 으깨 준다.
02 으깬 연어와 감자, 양파, 양송이를 섞어 버무려 준 후 밀가루, 달걀물, 빵가루를 묻혀 튀겨 준다.

뵈르 블랑 소스

재료

- ☐ 화이트 와인   100ml
- ☐ 화이트 와인 식초   30ml
- ☐ 샬롯   50g
- ☐ 설탕   1g
- ☐ 파슬리 줄기   some
- ☐ 백후추   some
- ☐ 버터   300g
- ☐ 소금   some
- ☐ 레몬즙   10ml
- ☐ 레몬 제스트   some

만드는 방법

01 냄비에 화이트 와인, 화이트 와인 식초, 다진 샬롯, 파슬리 줄기, 소금, 설탕, 후추를 넣고 약한 불로 끓여 준다.
02 와인 리큐어가 자작하여 거의 없다 싶을 때까지 뭉글하게 졸여 준다.
03 불에서 냄비를 떨어뜨려 준 후 버터를 조금씩 넣어 주며 휘핑기로 휘저어 준다.
04 버터가 충분히 녹으면 불에서 살짝만 끓여 준 후 고운체에 거른다.
05 레몬즙과 레몬 제스트를 추가해 주어 풍미를 더해 준다.

베샤멜 소스에 글레이징 한 양송이

재료

- ☐ 중력분 100g
- ☐ 버터 120g
- ☐ 우유 1L
- ☐ 월계수잎 1ea
- ☐ 양파 30g
- ☐ 정향 some
- ☐ 통후추 some
- ☐ 소금 1ts
- ☐ 양송이버섯 1ea
- ☐ 식초 some

*양송이버섯을 칼집을 내 껍질을 벗겨 모양을 만든 것

만드는 방법

01 냄비에 버터를 넣고 약불로 버터를 녹여 준다.
02 버터가 막 녹기 시작하면 체에 친 고운 밀가루를 넣어 준다.
03 약불로 유지하며 색을 내지 않고 천천히 볶아 화이트 루를 만든다.
» 밀가루가 버터에 엉긴다고 끝이 아니라 충분히 볶아 주어야 밀가루 풋내를 없앨 수 있다.
04 냄비에 우유, 소금, 향신료, 다진 양파를 넣고 끓여 준다.
05 끓기 시작하면 불을 끄고 고운체에 내려 준다.
06 냄비에 화이트 루를 넣고 약불로 불을 조절한다.
07 용도에 따라 우유를 조절하여 우유를 천천히 넣어가며 저어 준다.
» 우유를 한 번에 부어버리면 루가 퍼지지 않고 덩어리지니 주의해야 한다.
08 체에 걸러 마무리한 베샤멜 소스에 식초물에 데친 플루팅* 한 양송이를 버무리듯 익혀 준다.

베르니 포테이토

재료

- 감자(150g) 1ea
- 버터 15g
- 중력분 some
- 달걀물 50g
- 소금 some
- 아몬드 슬라이스 30g
- 튀김유 1L

만드는 방법

01 감자는 반으로 잘라 준 후 삶아 준다.
02 감자를 뜨거울 때 체에 내려 으깨 준다.
03 체에 내린 감자에 녹인 버터와 소금을 넣고 둥글게 빚어 준다.
04 밀가루, 달걀물을 둘러 준 후 아몬드 슬라이스를 둘러 노릇하게 튀겨 준다.

야채 가니쉬

재료

- 단호박 100g
- 아스파라거스 2ea
- 버터 1Ts
- 설탕 some
- 소금 some
- 우유 300ml
- 샬롯 1ea
- 파슬리 some

만드는 방법

01 단호박은 오븐에 구워 준 후 으깨 준다.
02 냄비에 버터를 두르고 으깬 단호박을 볶고 설탕과 소금을 넣어 준 후 우유를 넣어 끓여 준다.
03 단호박을 곱게 갈아 퓌레를 만들어 준다.
04 아스파라거스는 껍질을 벗기고 밑동은 잘라 송송 썰어 준비한 후 파슬리와 버터를 넣은 물에 데친다.
05 샬롯은 껍질을 벗기고 반으로 썬 다음 아스파라거스와 함께 버터에 노릇하게 구워 준다.

출제 문제 예시

직 종 명	요리	과제명	Fish Main	과제번호	제2과제
경기시간	120분	비번호		심사위원 확인	(인)

1. 요구사항	1. 농어는 뼈를 분리 한 후 3인분의 요리를 만드시오. 2. 농어는 껍질을 색이 나게 바삭하게 굽고 살은 무스를 활용해 2가지 요리를 만드시오. 3. 생선 뼈는 피쉬 스톡을 만들어 생선에 어울리는 소스를 만들고 요리에 사용하시오. 4. 감자는 우유, 생크림, 버터를 이용하여 창의적인 요리를 만들어 주 요리에 곁들이시오. 5. 지급된 재료를 확인하여 3가지 이상의 뜨거운 야채 가니쉬를 곁들이시오. 6. 1인분의 생선 무게가 120g 이내로 만들고 소스를 곁들여 내시오.
2. 필수사용 재료	1. 농어 2. 감자 3. 애호박 4. 달걀 5. 우유
3. 유의사항	가. 농어는 청결하게 손질하는 것에 유의하시오. 나. 농어 껍질이 갈색이 나게 하는데 유의하시오. 다. 피쉬 스톡은 탁하지 않게 맑게 끓이고 소스에 활용하는 것에 유의하시오. 라. 창의적인 3가지 이상의 야채 가니쉬를 만드는 것에 유의하시오. 마. 재료 특성에 맞는 조리법과 조화와 창의성 및 익힘 정도에 유의하시오.
4. 규정사항	가. 지급된 재료 이외의 것은 사용하지 않으며 식재료의 추가지급은 하지 않는다. 나. 완성된 요리의 온도, 익힘 정도 등은 그 요리의 특성에 맞도록 한다. 다. 모든 작업은 위생적으로 하며 정리 정돈을 한다. 라. 사용 할 수 있는 남은 재료는 버리지 않는다. 마. 필수사용 재료는 반드시 사용해야 하며, 미사용 시 해당 과제는 0점 처리한다.

농어 응용 과제 사진

껍질을 노릇하게 구운 농어와 홀렌다이즈 소스와 피쉬 벨루떼 소스, 포테이토 케이크, 라따뚜이

구운 농어와 농어살 테린, 피쉬 벨루떼 소스, 포테이토 케이크와 3가지 구운 야채

생선 조리 팁

- 생선을 조리할 때는 항상 위생을 중요시하야 한다. 자칫 비늘이나 핏물이 튀어 테이블이 지저분해 보이게 된다.
- 생선 뼈와 살을 트리밍 한 후 규정에 맞게 조리해 준다.
- 껍질은 소금을 뿌려 놓으면 바삭하게 굽기에 용이하다. 문지르면 생선이 짜거 될 수도 있으니 주의한다.

핫애피타이저

해산물

주재료 : 해산물

해산물이 주가 되는 요리는 플레이팅이 다소 어려울 수 있다. 작은 식재료들을 식지 않게 구성하여 접시에 담는 것은 생각보다 난이도가 높기 때문이다. 밀가루를 이용한 가니쉬 중 하나인 크레페는 다진 허브나 시금치 엽록소 같은 것을 활용하여 조금 더 특색 있게 표현할 수 있다.

식자재 리스트			
☐ 흰다리새우	10ea	☐ 파슬리	some
☐ 가리비 관자	5ea	☐ 레몬	2ea
☐ 오징어	50g	☐ 생크림	100ml
☐ 양파	1ea	☐ 월계수잎	3ea
☐ 감자	1ea	☐ 정향	some
☐ 버터	100g	☐ 통후추	some
☐ 중력분	100g	☐ 소금	50g
☐ 달걀	3ea	☐ 식초	100ml
☐ 우유	2L	☐ 튀김유	1L
☐ 화이트 와인	300ml	☐ 샐러드유	1L
☐ 시금치	100g		

★ 출제문제
1 해산물을 채운 크레페를 만드시오.
2 무슬린 소스를 만드시오.
3 튀긴 야채 가니쉬를 만드시오.

구운 관자와 새우, 크레페로 감싼 리코타 치즈와 해산물, 무슬린 소스와 감자칩, 시금치 퓌레

Salted scallops and prawn, ricotta cheese and seafood wrapped crape, mouseline sauce, potato chip, spinach puree

크레페 반죽은 기능경기대회의 단골 메뉴 중 하나다. 밀가루로 만들 수 있는 메뉴 중 크레페 반죽은 어려운 편에 속한다. 재료 중 밀가루가 필수재료로 주어지면 먼저 생각해 볼 수 있는 메뉴는 파스타, 뇨끼, 라비올리, 블리니, 크레페 등이다. 밀가루 반죽은 수분에 민감하기 때문에 상황에 맞게 수분함유량을 조절해 주기만 하면 메뉴를 만들기에 수월하다.

주재료 * 새우, 관자, 오징어 　　**조리법** * 스터핑 　　**응용소스** * 무슬린 소스

타임 테이블

1. **재료 세척 및 분류** …
   - 세척 시에 물기를 바로 닦아 준 후 준비된 재료 통에 나누어 놓는다.

2. **해산물 손질** …
   - 해산물은 손질 후 냉장고에 넣어 놓는다.
   - 다져야 할 해산물은 지금 준비해 놓는다.

3. **크레페 반죽** …
   - 크레페 반죽은 만들어 놓은 후 랩핑하여 냉장고에 보관해 놓는다.

4. **야채 손질** …
   - 야채는 칼로 손질을 한 후 오래 삶아야 하는 야채나 끓이는 퓌레 같은 경우는 냄비에 넣어 조리해 준다.
   - 완성된 야채는 중탕으로 데워 나갈 수 있게 준비해 놓는다.
   - 무슬린에 들어갈 양파나 허브 등도 준비해 준다
   » 식어도 다시 데울 수 있는 소스는 이때에 만들어 완성해 주어도 좋다.

5. **주 요리 만들기** …
   - 크레페를 만들어 주고 스터핑 할 해산물을 볶아 준다.

6. **완성하기** …
   - 크레페에 해산물을 넣고 말아 준비해 준 후 관자와 새우도 구워 준다.
   - 완성해 놓은 가니쉬, 소스들은 중탕으로 데우거나 냄비로 다시 따뜻하게 조리해 준비해 준다.
   - 접시를 오븐에 데우고 관자와 새우가 익어 완성되는 시간에 맞추어 데운 야채와 함께 접시에 플레이팅 해 준다.

작업 포인트

새우와 관자는 접시에 담기 전에 굽는 것이 좋다. 미리 구워 놓으면 식은 후 다시 데워야 하는 데 다시 열을 가하면 재료의 쥬스가 빠지고 식감이 질겨진다. 크레페용 구운 해산물은 크레페에 채우기 전 체에 받쳐 수분을 충분히 제거해 준다. 내용물의 수분이 많으면 크레페가 찢어질 수도 있다.

구운 관자와 새우

재료

- □ 흰다리새우   Sea
- □ 가리비 관자   Sea
- □ 버터   1Ts
- □ 파슬리   some

만드는 방법

01   팬에 버터를 두르고 약불로 온도를 조절한다.
02   수분을 뺀 새우와 관자를 넣어 색을 내 준다.
03   다진 파슬리를 뿌려 마무리한다.

해산물을 넣은 크레페

재료

크레페
- ☐ 중력분   80g
- ☐ 달걀노른자   1ea
- ☐ 우유   300ml
- ☐ 월계수잎   1ea
- ☐ 정향   some
- ☐ 통후추   some
- ☐ 소금   some

해산물
- ☐ 다진 오징어   30g
- ☐ 다진 새우   30g
- ☐ 다진 관자   30g
- ☐ 다진 양파   15g
- ☐ 샐러드유   some

리코타 치즈(50g)
- ☐ 우유   500ml
- ☐ 식초   30ml
- ☐ 소금   some

만드는 방법

01   우유에 월계수잎, 정향, 후추, 소금을 넣고 끓여 준 후 끓기 시작하면 불을 끄고 체에 걸러 식혀 준다.

02   체에 친 밀가루에 노른자를 섞어 준 후 우유를 천천히 넣어가며 크레페 반죽을 만들어 준다.

03   걸쭉하게 흐르는 농도로 만들어 준다.

04   오일로 코팅한 팬에 얇게 크레페를 부쳐 준다.

05   다진 해산물과 양파는 오일에 볶아 준 후 식혀 준다.

06   우유에 식초, 소금을 넣고 약불로 끓여 리코타 치즈를 만들어 준다.

07   다진 해산물과 리코타 치즈를 섞고 크레페에 넣고 말아 준다.

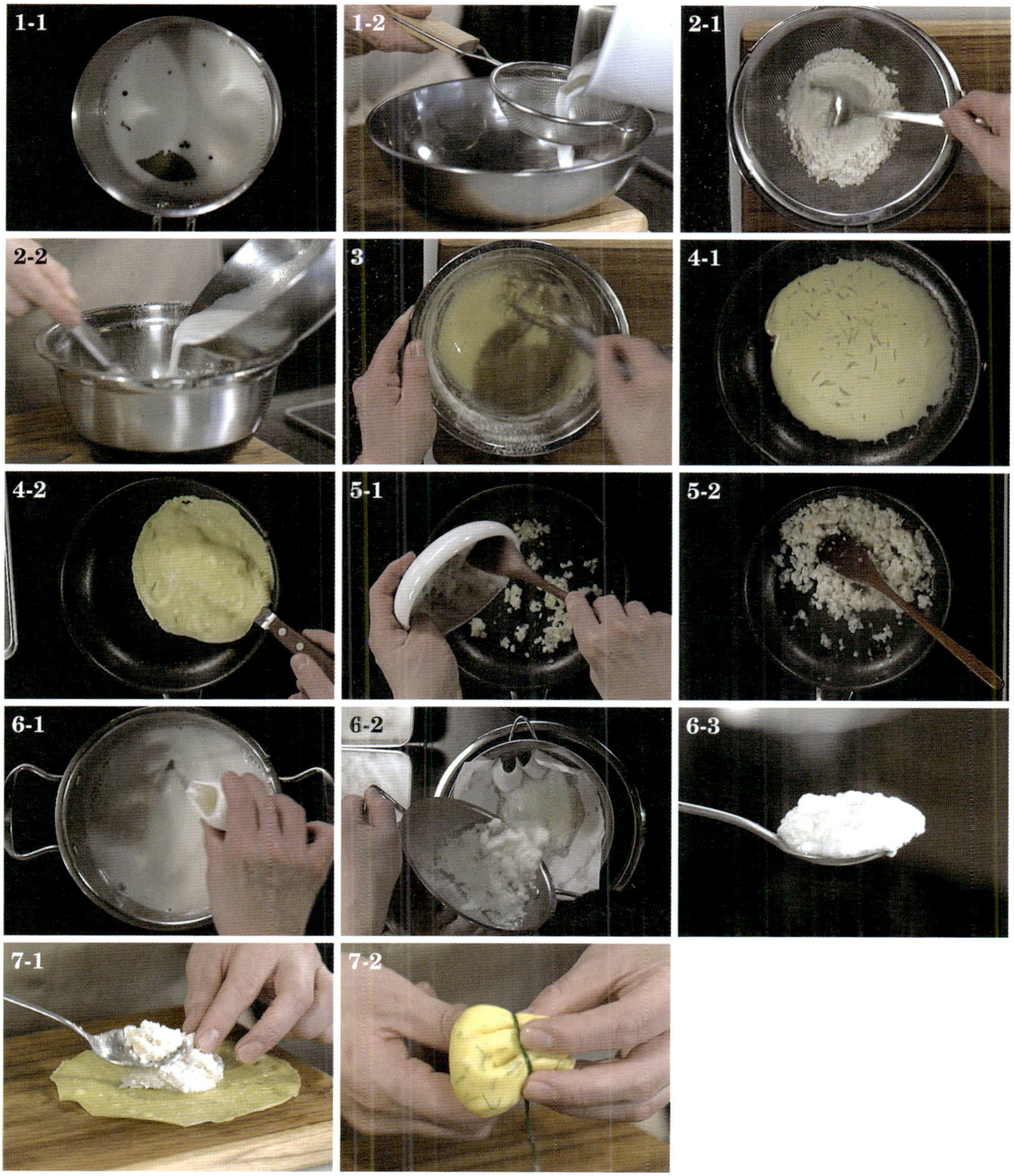
1-1
1-2
2-1
2-2
3
4-1
4-2
5-1
5-2
6-1
6-2
6-3
7-1
7-2

무슬린 소스

재료

- ☐ 달걀노른자   2ea
- ☐ 화이트 와인   150ml
- ☐ 파슬리   some
- ☐ 다진 양파   10g
- ☐ 레몬즙   some
- ☐ 정제 버터   50ml
- ☐ 소금   some
- ☐ 생크림   20ml

만드는 방법

01 화이트 와인에 파슬리, 양파, 소금을 넣고 천천히 끓여 준다.
02 반으로 줄으면 체에 걸러 준 후 식혀 준다.
03 차갑게 식은 화이트 와인 리덕션을 믹싱볼에 넣어 준 후 노른자를 넣어 준다.
04 넓은 냄비에 물을 끓이고 믹싱볼을 올려 중탕으로 휘핑을 해 준다.
05 빠르게 8자로 휘핑을 해 주며 거품이 일게끔 만들고 그 부피감을 유지하며 노른자를 익힌다.
06 중탕 냄비에서 꺼내 준 후 믹싱볼을 고정하고 정제 버터를 벽을 타고 천천히 넣어 휘핑해 준다.
07 레몬즙을 넣어 풍미를 더해 준다.
08 부피감은 살짝 줄지만 소스가 크리미해 지고 광택이 나는 느낌이 난다.
09 완성된 홀렌다이즈 소스에 80% 휘핑한 생크림을 섞어 준다.
» 넣는 양은 홀렌다이즈 소스 부피감의 1/3 정도 섞어 준다.
10 소스를 접시에 터치해 준 후 토치로 그을려 준다.

시금치 퓌레

재료

- 시금치 — 100g
- 퐁 드 볼라유* — 200ml
- 우유 — 150ml
- 생크림 — 30ml
- 소금 — some
- 버터 — 1Ts

*물로 대체 가능

만드는 방법

01 시금치는 깨끗이 씻어 준 후 냄비에 넣고 버터에 볶아 준다.
02 소금을 넣어 준 후 퐁 드 볼라유를 넣고 끓여 감칠맛을 더해 주고 우유와 크림을 넣어 풍미를 더한 후 곱게 갈아 체에 내려 준다.

감자칩

재료

- 감자(100g) — 1ea
- 소금 — some
- 튀김유 — 1L

만드는 방법

01 감자는 얇고 일정하게 슬라이스 한 후 소금을 뿌려 수분을 제거해 준다.
02 150℃의 기름에서 노릇하게 튀겨 갈색이 나기 시작하면 빼 준다.
» 색이 난 후에도 튀기면 탈 염려가 있다.

> 메인

돼지

주재료 : 돼지

돼지 등심은 재료 자체의 난이도가 높지 않지만 웰링턴으로 나온다면 이야기가 달라진다. 내부 온도와 페스츄리의 굽기에 신경을 써야 하는데 훈련 때와 달라지는 환경을 고려하여 임기응변으로 대응해야 할 수도 있다. 레시피에 웰링턴을 30분 동안 익히라고 한다해도 달라진 시험장 환경에서는 완성된 음식이 똑같이 나오지 않을 수도 있기 때문이다.

식자재 리스트			
☐ 돼지 등심	1kg	☐ 소금	50g
☐ 베이컨	50g	☐ 흑후추	50g
☐ 닭 간	100g	☐ 통후추	50g
☐ 시금치	50g	☐ 버터	500g
☐ 가지	2ea	☐ 달걀	10ea
☐ 감자	300g	☐ 우유	1L
☐ 쥬키니	1ea	☐ 생크림	300ml
☐ 양파	1ea	☐ 건바질	30g
☐ 당근	1ea	☐ 월계수잎	10g
☐ 마늘	100g	☐ 로즈마리	10g
☐ 셀러리	200g	☐ 잣	30g
☐ 토마토 페이스트	300g	☐ 레드 와인	300ml
☐ 박력분	500g	☐ 샐러드유	300ml
☐ 강력분	500g		

★ 출제문제
1. 퍼프 페스츄리를 만들어 돼지 등심과 닭 간을 넣은 웰링턴을 만드시오.
2. 돼지 등심으로 브라운 소스를 만드시오.
3. 밀가루를 이용한 가니쉬 하나를 만드시오.

퍼프 페스츄리를 감싸 구운 닭 간을 넣은 돼지 등심 웰링턴·
가지 플랑·올리베또 한 감자와 감자 뇨끼·쥬키니 퓌레·로즈마리 소스

*Pork sirloin wellinton roasted chicken liver wrapped in puff pastry, eggplant flan,
olivette potato, gnocchi, zucchine puree, rosemary sauce*

웰링턴, 퍼프 페스츄리로 만드는 요리는 메인 요리의 단골 문제로 가장 많이 나오면서 가장 난이도 있는 문제 중 하나이다. 돼지 등심은 피슬레 묶기 후 올곧은 모양으로 조리하는 것이 포인트이다. 육류의 뼈가 재료 목록에 없어도 이렇게 소스를 만들라고 문제가 주어지는데, 기능경기대회 특성상 돼지 등심을 트리밍 한 근막, 지방만으로도 소스를 만들어 내야 한다. 반죽은 버터가 굳는 시간을 계산해서 냉장 보관을 적절히 해야 하며 굽는 온도와 색에 유의한다.

주재료 * 돼지 등심 　　**조리법** * 웰링턴 　　**응용소스** * 로즈마리 소스

타임 테이블

1	재료 세척 및 분류	….	• 세척 시에 물기를 바로 닦아 준 후 준비된 재료 통에 나누어 놓는다.
2	육류 손질	….	• 돼지 등심은 주재료용과 소스용을 분리 손질 후 냉장고에 넣어 놓는다. • 닭 간도 세척 후에 물기를 빼고 냉장고에 보관한다.
3	야채 손질과 오래 걸리는 소스 만들기	….	• 야채는 칼로 손질을 한 후 오래 삶아야 하는 야채나 끓이는 퓌레 같은 경우는 냄비에 넣어 조리해 준다. • 완성된 야채는 중탕으로 데워 나갈 수 있게 준비해 놓는다. • 시간이 오래 걸리는 소스는 위 야채 손질 후에 바로 끓여 준비한다.
4	페스츄리 만들기	….	• 퍼프 페스츄리는 반죽 후 냉장고에 보관한다.
5	주요리 만들기	….	• 손질한 등심과 간, 페스츄리로 웰링턴을 만들고 굽는 시간 동안 가니쉬와 소스를 완성해 놓는다.
6	완성하기	….	• 웰링턴을 오븐에서 꺼내고 레스팅 후에 중탕으로 데워 놓은 가니쉬와 퓌레, 완성된 소스를 준비한다. • 접시를 오븐에 데우고 웰링턴을 자른 후 수분을 제거한 후에 접시에 가니쉬와 함께 플레이팅 해 준다.

작업 포인트

퍼프 페스츄리 반죽에 주의해야 한다. 냉장고에서 충분히 휴지시켜 버터가 자리를 잘 잡게 반죽을 해 준다. 웰링턴은 오븐에 굽는 시간이 길기 때문에 그 시간을 최대한 활용하여 가니쉬 손질이나 주변 정리를 하는 것이 좋다.

퍼프 페스츄리

재료

- 박력분 100g
- 물 35g
- 소금 some
- 반죽용 버터 25g
- 충전용 버터 75g

만드는 방법

01 박력분은 체에 쳐 준 후 반죽용 버터, 물, 소금과 버무려 반죽을 해 준 후 사각형으로 넓게 펴 밀어 냉장고에 보관해 준다.
02 충전용 버터도 넓게 펴 준 후 냉장 보관해 준다.
03 페스츄리 반죽에 충전용 버터를 넣어 준 후 3절 접기를 해 준다.
  ※ 버터가 고루 퍼지게 방망이로 두들겨 펼치고 다시 접으며 버터의 층이 잘 지게끔 준비해 준다.
04 3절 접기 한 반죽은 고기를 다 덮을 수 있을 정도로 넓게 펴 주며 두께는 약 0.3cm 정도로 유지해 냉장 보관해 준다.

돼지 등심과 닭 간

재료

- 돼지 등심 500g
- 베이컨 5장
- 닭 간 50g
- 시금치 30g
- 우유 50ml
- 소금 some
- 흑후추 some
- 퍼프 페스츄리(0.3cm) 1ea
- 달걀물 10ml
- 샐러드유 15ml
- 박력분 some

만드는 방법

01 돼지 등심은 넓게 펴 준 후 소금, 후추로 간을 해 준다.
02 닭 간을 우유에 담가 핏물과 잡내를 제거 후 수분을 빼고 밀가루를 둘러 준 후 튀기듯 구워 준다.
03 펼친 돼지 등심에 데친 시금치를 얹어 준 후 닭 간을 올려 말아 준다.
04 베이컨으로 한 번 더 말아 모양을 잡아 준 후 조리용 실로 묶어 준다.
05 기름을 두른 팬에 사방으로 1분 30초씩 익혀 노릇하게 색을 내 준다.
06 퍼프 페스츄리로 감싸 준 후 달걀물을 바르고 200℃ 오븐에 25~30분간 익혀 준다.

가지 플랑

재료

- 가지(150g)   1ea
- 소금   some
- 버터   1Ts
- 건바질   some
- 달걀   1ea
- 우유   50㎖
- 생크림   15㎖
- 버터   some

만드는 방법

01. 가지는 길게 반으로 갈라 준 후 격자로 칼집을 내 준다.
02. 소금간을 하고 바질과 버터를 발라 준 후 200℃ 오븐에 15분간 넣어 익혀 준다.
03. 속을 파내고 곱게 다져 준다.
04. 달걀을 풀어 준 후 곱게 다진 가지와 우유와 크림을 섞어 준다.
05. 버터로 코팅한 몰드에 달걀물을 넣어 준 후 냄비 또는 오븐 중탕으로 플랑을 만들어 준다.

» 오븐 중탕은 120℃ 30분, 냄비 증탕은 뚜껑을 덮어 준 후 100℃ 아래에서 20분

올리베또 감자와 감자 뇨끼

재료

- 올리베또 감자(100g)   1ea
- 버터   1Ts
- 소금   some
- 뇨끼 감자(200g)   1ea
- 강력분   100g
- 달걀노른자   30g
- 잣   10g

만드는 방법

01. 감자는 올리베또로 손질해 준 후 끓는 물에 5분간 삶아 준비한다.
02. 뇨끼 감자는 충분히 삶아 준 후 뜨거울 때 체에 내려 준다.
03. 강력분, 달걀노른자, 소금, 견과류를 섞어 빚은 후 끓는 물에 데쳐 준다.

» 밀가루 함유량이 높으면 뇨끼 반죽은 쉬워지지만 맛이 덜하기 때문에 적절한 비율이 중요하다. 통상 내 레스토랑에서는 감자 3 : 밀가루 1을 사용한다.

04. 올리베또 감자와 데친 뇨끼는 버터에 노릇하게 구워 준다.

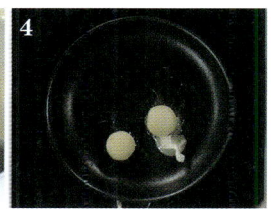

쥬키니 퓌레

재료

- [ ] 쥬키니(250g)   1ea
- [ ] 우유   300ml
- [ ] 생크림   15ml
- [ ] 소금   some
- [ ] 버터   1Ts

만드는 방법

01 쥬키니는 얇게 슬라이스 해 준다.
02 냄비에 버터를 두르고 쥬키니를 볶아 준 후 소금 간을 하고 우유를 넣고 끓여 준다.
03 쥬키니는 건져 내 곱게 생크림을 넣고 갈아 체에 내려 준다.

» 쥬키니는 수분이 많아 금방 익고 색이 변하기 때문에 익으면 바로 꺼내 갈아 준다.

★ 수분이 많은 야채는 퓌레 농도를 잡을 때 유의해야 한다. 기능경기대회에서는 빨리 익히기 위해 우유나 물을 많이 넣어 익힌 후 내용물만 건져내어 가는 방식이 농도 잡기가 더 편하다.

로즈마리 소스

재료

- 돼지 트리밍 후 재료 150g
- 토마토 페이스트 30g
- 월계수잎 1ea
- 통후추 some
- 샐러드유 30ml
- 레드 와인 100ml
- 물 2L

미르푸아
- 양파 50g
- 당근 30g
- 마늘 1ea
- 셀러리 30g

로즈마리 리덕션
- 로즈마리 1줄기
- 레드 와인 200ml

만드는 방법

01 팬에 오일을 두른 후 돼지 트리밍 후 남은 고기를 넣어 노릇하게 색을 내 준다.
02 색을 내준 냄비에 다이스 한 미르푸아와 섞어 색을 내 준 후 토마토 페이스트를 넣어 향을 내 준다.
03 페이스트가 살짝 볶아지면 냄비에 레드 와인을 넣어 자작하게 데글라세 해 준 물을 넣고 월계수잎, 통후추를 추가해 끓여 준다.
04 레드 와인에 로즈마리를 넣고 졸여 로즈마리 리덕션을 만들어 준다.
05 끓이던 소스를 체어 걸러 준 후 로즈마리 리덕션을 섞어 향과 색을 내 주고 농도가 나올 때까지 졸여 준다.
» 시간적 여유가 된다면 브라운 루를 만들어 농도를 인위적으로 잡아 주어도 된다.
06 고운체에 내려 준 후 한 번 더 졸여 농도를 맞추어 준다.

★ 기능경기대회는 3인분의 소스 양만 나오면 되기 때문에 최대한 졸여 맛을 농축시키고 농도를 맞추는 쪽으로 조리를 한다.

출제 문제 예시					
직종명	요리	과제명	Main Dish	과제번호	제2과제
경기시간	120분	비번호		심사위원 확인	(인)

1. 요구사항	1. pork tenderloin 은 손질 후 허브에 마리네이드 하고 사과, 체다 치즈 등으로 stuffing 하여 완전히 익혀 창의적인 요리로 3인분을 만드시오. 2. 돼지고기에 어울리는 레드 와인 애플 소스를 만들어 사용하고 창의적인 두 가지 이상의 소스를 만들어 사용하시오. 3. 서로 다른 조리법으로 3가지 이상의 더운 야채, 한 가지 이상의 퓌레를 만들어 주 요리에 곁들이시오.
2. 필수사용 재료	1. 돼지 안심 2. 폴렌타 3. 아스파라거스 4. 체다 치즈 5. 호두
3. 유의사항	가. pork tenderloin에 재료를 스터핑 하여 창의적인 메인 요리를 만드는 것에 유의한다. 나. pork tenderloin 은 완전히 구우시오. 다. 2가지 이상의 소스를 만들어 사용하고 소스 농도와 맛 색상에 유의하시오. 라. 소스 만드는 과정에 유의하시오. 마. 재료 특성에 맞는 조리법과 조화와 창의성 및 익힘 정도에 유의한다. 바. 1접시에 올리는 음식 전체의 양이 1인분 200g이 넘지 않도록 유의하시오.
4. 규정사항	가. 지급된 재료 이외의 것은 사용하지 않으며 식재료의 추가지급은 하지 않는다. 나. 완성된 요리의 온도, 익힘 정도 등은 그 요리의 특성에 맞도록 한다. 다. 모든 작업은 위생적으로 하며 정리 정돈을 한다. 라. 사용 할 수 있는 남은 재료는 버리지 않는다. 마. 필수사용 재료는 반드시 사용해야 하며, 미사용 시 해당 과제는 0점 처리한다.

돼지 안심 응용 과제 사진

야채를 채워 구운 돼지 안심, 당근 퓌레와 글레이징 한 당근, 구운 아스파라거스,
감자 크림, 레드 와인 애플 소스

돼지 안심 팁

- 돼지 안심을 완전히 익혀 주는 것에 집중한다. 내부 온도가 65℃ 정도만 되어도 핏기는 사라진다. 단, 너무 익히면 잘랐을 때부터 단면이 잘못된 것을 느낄 수 있다.
- 소스의 농도는 천천히 끓여 안정적으로 졸이는 것이 가장 좋다. 농후제를 넣으면 티가 난다. 간혹 농도를 내리고 설탕을 많이 넣기도 하는데 심사에 맛 평가의 비중이 높으니 하지 말아야 한다.
- 문제에 명시된 가니쉬 4가지는 각자 다른 조리법으로 조리한다. 소테, 글레이징, 포칭, 퓌레 등 재료의 모양과 조리 방식을 각자 다르게 조리해야 한다.

> 메인

소

주재료 : 소 안심, 소 사태

소 안심은 미디엄으로 조리해 제출하라는 문제가 나오는 경우가 많다. 리버스 시어링 외에도 팬 프라이나 오븐 로스팅으로 조리하는 방법을 미리 숙지해 가면 좋다. 대회장에서는 어떠한 돌발 상황이 일어날지 모르기 때문이다. 리버스 시어링처럼 오랜 기간 조리를 할 수 없는 상황에서는 강한 불에 팬 프라이 후 오븐에 넣어 조리하는 방법도 있다. 브레이징은 주어진 시간을 최대한 오래 사용하여 부드럽게 제출하는 것이 좋다.

식자재 리스트

재료	수량	재료	수량
☐ 소 안심	1kg	☐ 소금	100g
☐ 소 사태	500g	☐ 설탕	100g
☐ 파르마 햄	5장	☐ 통후추	30g
☐ 샬롯	6ea	☐ 버터	300g
☐ 양파	300g	☐ 퓨어 올리브유	500ml
☐ 마늘	100g	☐ 토마토 페이스트	100g
☐ 당근	300g	☐ 레드 와인	500ml
☐ 셀러리	300g	☐ 우유	1L
☐ 양송이버섯	300g	☐ 생크림	300ml
☐ 콜리플라워	500g	☐ 타라건	5g
☐ 아스파라거스	6ea	☐ 월계수잎	5g
☐ 중력분	500g	☐ 로즈마리	5g
☐ 달걀	10ea	☐ 샐러드유	500ml

★ 출제문제
1. 소고기를 이용하여 2가지 메뉴를 만드시오.
2. 밀가루를 이용한 가니쉬를 만드시오.
3. 비프 스톡을 끓이고 그 스톡을 이용한 소스를 만드시오.
4. 1가지 이상의 퓌레, 2가지 이상의 야채 가니쉬를 만드시오.

파르마 햄으로 감싸 구운 소고기 안심과 브레이징 한 사태살·
콜리플라워 퓌레로 몽떼 한 탈리아텔레·아스파라거스 랩·
당근 글레이징·타라건 향의 쥐 드 뵈프

Beef tenderloin wrapped parma ham, braised beef shank, cauliflower puree with tagliatelle, asparagus wrapped, glazed carrot, tarragon beef jus

기능경기대회에서 소고기 관련 문제는 꽤 까다로운 편이다. 고기를 미디엄으로 익히라는 전제 조건이 붙기 때문인데, 수많은 훈련을 하여도 연습 때와 다른 식자재와 장소에 당황할 수밖에 없기 때문이다. 하지만 예전, 오븐을 공용으로 사용하여야 했을 때에는 할 수 없었던 오븐 조리법을 사용하면 고기의 템퍼를 맞추기가 훨씬 수월하다. 리버스 시어링은 수비드처럼 육류를 일정 온도 이상으로 조리하지 않아 내부 온도를 맞추는 최적의 조리법이다.

주재료 * 소 안심, 소 사태 | **조리법** * 로스팅, 브레이징, 리버스 시어링 | **응용소스** * 타라건 향의 쥐 드 보프

타임 테이블

| 1 | 재료 세척 및 분류 | • 세척 시에 물기를 바로 닦아 준 후 준비된 재료 통에 나누어 놓는다. |

2 육류 손질
- 안심은 주재료용과 소스용을 분리 손질 후 냉장고에 넣어 놓는다.
- 사태살도 손질 후 냉장고에 보관한다.

3 야채 손질과 오래 걸리는 소스와 브레이징 준비하기
- 야채는 칼로 손질을 한 후 오래 삶아야 하는 야채나 끓이는 퓌레 같은 경우는 냄비에 넣어 조리해 준다.
- 완성된 야채는 중탕으로 데워 나갈 수 있게 준비해 놓는다.
- 시간이 오래 걸리는 소스와 소 사태 브레이징은 위 야채 손질 후에 바로 끓여 준비한다.

4 안심 오븐 조리와 면 반죽하기
- 안심은 파마햄으로 감싼 오븐에 넣어 리버스 시어링으로 조리해 준다.
- 리버스 시어링하는 사이에 밀가루 반죽으로 파스타를 만들어 준다.

5 완성하기
- 안심은 오븐에서 꺼낸 후 구워 레스팅을 하고 재료들은 따뜻하게 중탕해 준다.
- 접시를 오븐에 데우고 안심을 자른 후 사태 살과 함께 접시에 가니쉬와 플레이팅 해 준다.

작업 포인트

소고기 안심은 리버스 시어링 조리법을 사용하여 최대한 안전하게 고기를 굽는다. 그 굽는 시간을 활용해 가니쉬와 사태 브레이징을 완성하는 것을 추천한다. 소스는 시간이 오래 걸리기 때문에 처음부터 천천히 조리하는 것이 좋지만 화구를 하나 점유한다는 점을 생각해서 온도를 조금 강하게 조절해 주는 것도 좋다.

파르마 햄으로 감싼 소고기 안심

재료

- ☐ 소 안심   600g
- ☐ 파르마 햄   2장
- ☐ 로즈마리   some
- ☐ 소금   some
- ☐ 퓨어 올리브유   15ml

만드는 방법

01 소고기는 소금간을 한 후 파르마 햄으로 감싸 준다.
» 파르마 햄이나 베이컨을 활용할 때에는 평소보다 소금간을 약하게 한다.
02 오일을 둘러 준 후 로즈마리와 함께 조리용 실로 묶어 준다.
03 종이호일로 둥글게 말아 준 후 110℃ 오븐에 30~35분간 넣어 준다.
04 내부 온도가 약 55℃ 이상이 되면 꺼낸다.
05 호일을 벗겨 준 후 팬에 사방으로 30초간 리솔레 해 준 후 5분간 레스팅 한다.

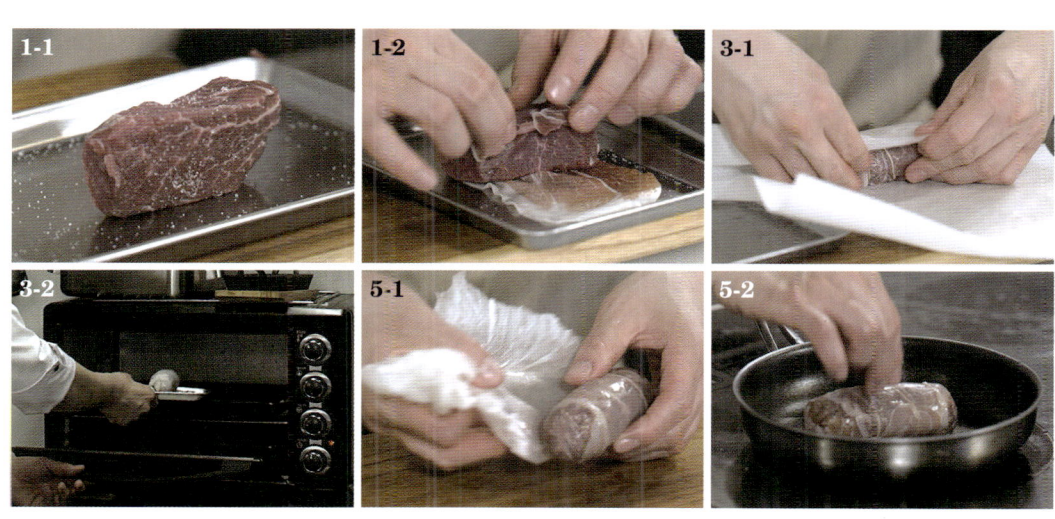

브레이징 한 사태살

재료

- ☐ 소 사태 500g
- ☐ 중력분 30g
- ☐ 샬롯 1ea
- ☐ 양파 100g
- ☐ 마늘 30g
- ☐ 당근 30g
- ☐ 양송이버섯 50g
- ☐ 토마토 페이스트 50g
- ☐ 레드 와인 100ml
- ☐ 물 1L
- ☐ 소금 some
- ☐ 버터 30g

만드는 방법

01 사태 살은 3.5cm 크기로 손질 후 소금간을 충분히 하고 밀가루를 둘러 준 후 팬에 노릇하게 구워 준다.
02 야채는 스몰 다이스로 손질해 준다.
03 냄비에 버터를 두르고 야채를 넣어 볶아 준 후 토마토 페이스트를 넣고 향을 내 준다.
04 와인을 넣어 준 후 사태살을 넣어 자작하게 끓여 준다.
05 와인이 졸으면 냄비에 물을 넣고 끓여 브레이징 해 준다.

★ 통상 1시간을 끓여야 고기가 부드러워지지만 기능경기대회에서는 상황에 따라 시간을 조절한다.

콜리플라워 퓨레

재료
- 콜리플라워   200g
- 우유   200㎖
- 생크림   300㎖
- 소금   some
- 버터   1Ts

만드는 방법
01 콜리플라워는 얇게 썰어 손질해 준다.
02 냄비에 버터를 두르고 콜리플라워를 볶아 준다.
03 소금을 뿌리고 우유를 넣어 끓인다.
04 콜리플라워가 익으면 크림을 넣고 곱게 갈아 체에 내려 준다.

탈리아텔레

재료
- 중력분   100g
- 달걀노른자   1ea
- 물   10㎖
- 퓨어 올리브유   15㎖
- 소금   some
- 버터   30g
- 콜리플라워 퓨레   100g

만드는 방법
01 체에 친 밀가루에 소금을 뿌리고 노른자로 선 반죽을 한다.
» 덧가루는 꼭 빼놓는다.
02 노른자로 반죽이 되직하면 물을 소량 추가하고 1차 숙성을 시켜 준다.
» 숙성 후에는 반죽이 더 질어지고 부드러워지니 유의한다.
03 반죽에 오일을 둘러 한 번 더 치대어 반죽을 부드럽게 만들어 준다.
04 밀대로 반죽을 일정하게 밀어 준 후 썰어 탈리아텔레를 만들어 준다.
05 면은 오일을 두른 물에 삶아 건져 내 오일에 버무려 준다.
06 완성된 면은 버터에 볶은 다음 콜리플라워 퓨레를 얹어 마무리해 준다.

아스파라거스 랩과 당근 글레이징

재료	
☐ 아스파라거스	3ea
☐ 파르마 햄	2장
☐ 당근	150g
☐ 버터	1Ts
☐ 물	30ml
☐ 설탕	1Ts
☐ 샐러드유	15ml

만드는 방법

01 아스파라거스는 껍질을 벗겨 준 후 아래로 1/3 부분은 잘라 제거해 주고 길게 반으로 자른 파르마 햄으로 감싸 준다.

02 팬에 기름을 두르고 아스파라거스를 구워 준다.

03 올리베또 한 당근은 물, 버터, 설탕을 섞어 끓인 용액에 버무리듯 익혀 글레이징 해 준다.

» 이 용액을 너무 많이 끓이면 정과같이 야채가 질겅거리게 되니 유의한다.

타라건 향의 쥐 드 뵈프

재료

- 소고기 트리밍 후 남은 것 150g
- 중력분 30g
- 토마토 페이스트 30g
- 월계수잎 1ea
- 통후추 some
- 샐러드유 30ml
- 레드 와인 100ml
- 로즈마리 1줄기
- 물 2L

미르푸아
- 양파 50g
- 당근 30g
- 마늘 1ea
- 셀러리 30g

타라건 향
- 타라건 5g
- 레드 와인 100ml

만드는 방법

01. 트리밍 한 소고기 남은 부위는 밀가루를 두른 후 오일을 두른 팬에 노릇하게 색을 내 준다.
02. 다이스 한 미르푸아와 섞어 색을 내 준 후 토마토 페이스트를 넣어 향을 내 준다.
03. 레드 와인을 넣어 자작하게 데글라세 하고 물을 넣어 준 후 월계수잎, 통후추, 로즈마리를 넣고 끓여 준다.
04. 고운체에 내려 준 후 한 번 더 졸여 농도를 맞추어 준다.
05. 레드 와인에 타라건을 넣고 끓여 자작하게 만들어 준 후 체에 걸러 위 소스와 합쳐 준다.

★ 기능경기대회는 3인분의 소스 양만 나오면 되기 때문에 최대한 졸여 맛을 농축시키고 농도를 맞추는 쪽으로 조리를 한다.

출제 문제 예시

직 종 명	요리	과제명	Main Dish	과제번호	제2과제
경기시간	120분	비번호		심사위원 확 인	(인)

1. 요구사항	1. 소금반죽에 구운 안심 스테이크를 만드시오. 2. 소고기 안심을 트리밍 하고 남은 부산물을 이용하여 소스를 만드시오. 3. 소금반죽의 형태와 농도가 되직하게 나오게 만드시오. 4. 고기는 미디엄으로 구우시오. 5. 지급된 재료를 확인하여 라따뚜이를 만들고 그 외에 3가지 이상의 뜨거운 야채 가니쉬를 곁들이시오. 6. 작품은 3인분으로 제출하시오.
2. 필수사용 재료	1. 소고기 안심 2. 굵은 소금 3. 애호박 4. 달걀 5. 가지
3. 유의사항	가. 고기의 온도가 미디움으로 나오게 만드시오. 나. 소스의 농도에 유의하시오. 다. 라따뚜이의 맛과 향에 유의하시오. 라. 창의적인 3가지 이상의 야채 가니쉬를 만드는 것에 유의하시오. 마. 재료 특성에 맞는 조리법과 조화와 창의성 및 익힘 정도에 유의하시오.
4. 규정사항	가. 지급된 재료 이외의 것은 사용하지 않으며 식재료의 추가지급은 하지 않는다. 나. 완성된 요리의 온도, 익힘 정도 등은 그 요리의 특성에 맞도록 한다. 다. 모든 작업은 위생적으로 하며 정리 정돈을 한다. 라. 사용 할 수 있는 남은 재료는 버리지 않는다. 마. 필수사용 재료는 반드시 사용해야 하며, 미사용 시 해당 과제는 0점 처리한다.

소금반죽 응용 과제 사진

애쉬로 향을 낸 소금반죽으로 구운 소 안심, 라따뚜이와 된장향을 낸 감자 퓌레, 브라운 소스

소금반죽 팁

- 소금반죽 농도에 유의한다. 고기의 겉면을 소금반죽으로 바로 감싸면 음식이 짜게 될 수도 있기 때문에 데친 시금치를 덮어 활용하면 좋다.
- 고기요리는 그 부산물로 소스를 끓이는 문제가 많이 나오는데 나오는 부산물의 양이 중요한 게 아니라 일단 완성해 내는 것이 중요하기 때문에 최대한 긁어모아 맛을 내 주면 된다.

메인

닭

주재료 : 닭

닭은 기능경기대회의 단골 메뉴이다. 기본적으로 가슴살, 다리살, 몸통 뼈로 분리하며 껍질을 살리는 조리법이 많다. 몸통 뼈는 굽거나 데쳐 준 후 스톡을 내리는 문제가 많이 나오는데 불순물 없이 천천히 끓여야 맑은 스톡을 얻을 수 있다. 가슴살은 곱게 갈아 무스로 만들어 활용해도 되고 다리살은 다져서 크로켓을 만들어 활용하는 방법도 있다.

식자재 리스트

재료	수량	재료	수량
☐ 닭	1ea	☐ 소금	100g
☐ 샬롯	6ea	☐ 설탕	100g
☐ 양파	500g	☐ 통후추	30g
☐ 당근	500g	☐ 버터	300g
☐ 셀러리	200g	☐ 발사믹 식초	300ml
☐ 가지	2ea	☐ 화이트 와인	500ml
☐ 애호박	1ea	☐ 레드 와인	300ml
☐ 시금치	300g	☐ 토마토 페이스트	100g
☐ 브로콜리	1ea	☐ 파마산 치즈 가루	300g
☐ 양송이버섯	15ea	☐ 식빵	3ea
☐ 새송이버섯	3ea	☐ 중력분	100g
☐ 마늘	150g	☐ 샐러드유	1L
☐ 생크림	500ml	☐ 튀김유	2L
☐ 폴렌타	100g	☐ 타임	5g
☐ 우유	1L	☐ 월계수잎	3ea
☐ 달걀	5ea	☐ 로즈마리	5g
☐ 레몬	2ea	☐ 파슬리	50g

★ 출제문제

1. 치킨은 뼈를 제거한 후 룰라드를 만드시오.
2. 치킨 뼈로 브라운 소스를 만들고 그 소스를 활용하여 달걀노른자 소스를 만드시오.
3. 단단한 폴렌타를 만드시오.
4. 2가지 이상 야채 가니쉬와 1가지 튀긴 가니쉬를 곁들이시오.

뒥셀을 채운 치킨 룰라드·시금치 폴렌타 파베와 샬롯 콩피· 라따뚜이와 브로콜리 튀김·호요트 소스

Duxelles stuffed chicken roulade, spinach pollenta pave and shallot confit, ratatouille and broccoli fritter, foyot sauce

닭 요리는 가금류 중 가장 많이 기출되는 큰제 중 하나다. 닭고기 트리밍을 연습해 놓으면 다른 가금류 손질에도 많은 도움이 된다. 룰라드라는 조리법은 고기나 생선을 둥글게 말아 구워 준 후 썰어내는 요리로 뒥셀 같은 내용물을 채워 조리를 하여 맛을 높인 요리이다. 폴렌타는 옥수수로 만든 식자재로 스타치 전분 함유량이 높아 금방 조리되고 굳으며 우유 등을 넣고 조리해 단단하게 굳혀 준 후 한 번 더 구워 주면 된다.

주재료 * 닭   **조리법** * 룰라드   **응용소스** * 호요트 소스

타임 테이블		
1	재료 세척 및 분류	• 세척 시에 물기를 바로 닦아 준 후 준비된 재료 통에 나누어 놓는다.
2	육류 손질	• 닭고기는 뼈와 살을 발라 준 후 살은 냉장고에 넣어 놓는다. • 뼈는 차가운 물에 담가 불순물을 제거해 놓는다.
3	야채 손질과 오래 걸리는 소스 만들기	• 야채는 칼로 손질을 한 후 오래 삶아야 하는 야채나 끓이는 퓌레 같은 경우는 냄비에 넣어 조리해 준다. 뒥셀도 이때 만들어 준다.
4	폴렌타 만들기	• 폴렌타를 만들어 준 후 몰드나 틀에 굳혀 준비한다.
5	주요리 만들기	• 손질한 닭가슴살로 룰라드를 만들고 오븐에 들어가 있는 동안 가니쉬와 튀김, 소스를 완성해 놓는다.
6	완성하기	• 룰라드를 오븐에서 꺼내고 레스팅 후에 중탕으로 데워 놓은 가니쉬와 퓌레, 튀김, 완성된 소스를 준비한다. • 접시를 오븐에 데우고 룰라드를 자른 후 수분을 제거한 후에 접시에 가니쉬와 함께 플레이팅 해 준다.

작업 포인트

닭은 기능경기대회에 자주 나오는 식재료로 닭 손질하는 방법은 기본적으로 숙지해 놓는 것이 좋다. 해동이 다 된 상태에서 닭을 손질하고 뼈와 살을 최대한 잘 분리해 살코기의 로스율을 줄여 준다. 폴렌타는 미리 만들어 놓고 접시에 담기 전에 오븐에 굽거나 팬에 구워 주면 된다.

뒥셀을 채운 치킨 룰라드

재료

- ☐ 닭   1ea
- ☐ 양송이버섯   100g
- ☐ 새송이버섯   100g
- ☐ 마늘   1ea
- ☐ 생크림   30ml
- ☐ 식빵   1ea
- ☐ 샐러드유   some
- ☐ 버터   15g
- ☐ 소금   some

만드는 방법

01 버섯은 다져 준 후 다진 마늘과 함께 버터에 볶아 크림으로 농도를 잡아 뒥셀을 만들어 준다.

02 닭은 뼈와 살을 분리해 준 후 뼈는 찬물에 담가 불순물을 제거해 준다.

03 뼈를 제거한 닭고기에서 껍질과 살을 분리해 준다.

04 소금 간을 해 준 후 다이스 한 식빵과 뒥셀을 섞어 준 후 껍질 위에 가슴살, 뒥셀, 다리살 순서대로 올리고 룰라드를 말아 썰었을 때의 단면에 닭의 모든 부위가 나올 수 있게 만들어 준다.

05 오일을 두르고 조리용 실로 두어 준다.

06 200℃ 오븐에 30분간 로스팅 해 준다.

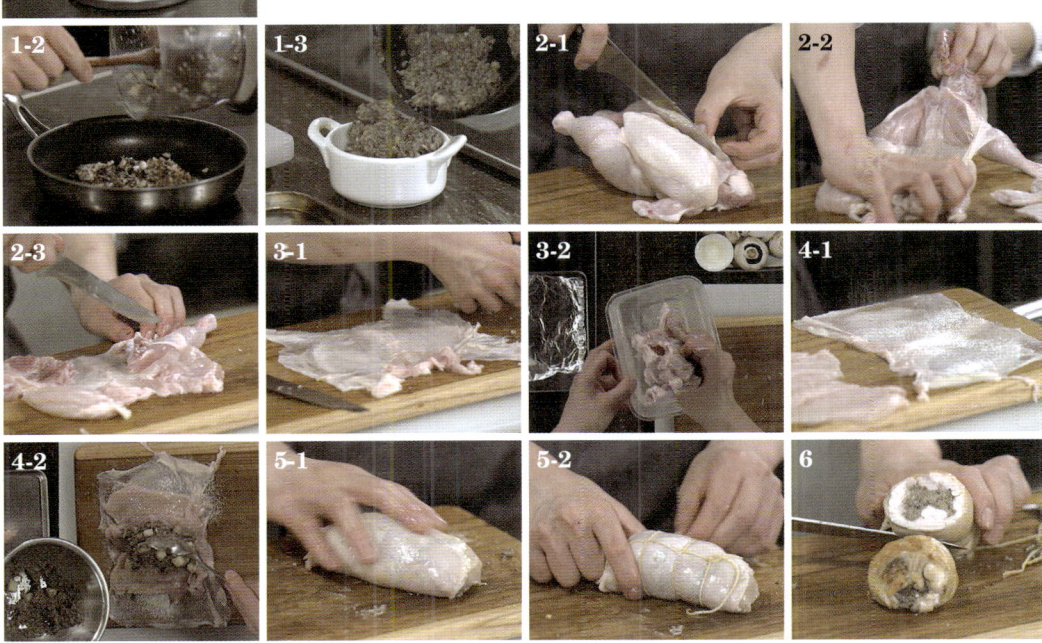

시금치 폴렌타 파베

재료

- 시금치 200g
- 물 30g
- 폴렌타 100g
- 우유 300ml
- 소금 some
- 버터 1Ts
- 샬롯 some
- 샐러드유 15ml

만드는 방법

01 시금치는 믹서기에 물과 곱게 갈아 준 후 면보에 걸러 준다.
02 면보에 거른 물을 끓여 엽록소를 채취해 준다.
03 냄비에 버터를 두르고 다진 샬롯을 볶고 우유를 넣고 끓여 준 후 엽록소를 넣어 준다.
04 폴렌타 가루를 넣어 소금간을 하고 버무리듯 농도를 잡아 주고 몰드에 넣어 굳혀 준다.
05 파베 직사각형 초콜렛 모양으로 손질해 준 후 기름을 두른 냄비에 노릇하게 구워 준다.

라따뚜이

재료

- ☐ 양파 — 30g
- ☐ 가지 — 30g
- ☐ 애호박 — 30g
- ☐ 마늘 — 1ea
- ☐ 토마토 페이스트 — 50g
- ☐ 물 — 300㎖
- ☐ 소금 — some
- ☐ 파마산 치즈 — 1Ts
- ☐ 버터 — 1Ts

만드는 방법

01 양파, 가지, 애호박, 마늘은 모두 스몰 다이스 해 준다.
02 팬에 버터를 두르고 야채를 볶아 준 후 소금간을 한다.
03 야채의 즙이 나오기 시작하면 토마토 페이스트를 넣고 향을 내 준다.
04 물을 넣어 농도를 맞추어 준 후 파마산 치즈로 풍미를 더해 준다.

샬롯 콩피

재료

- ☐ 샬롯   3ea
- ☐ 발사믹 식초   30ml
- ☐ 설탕   1ts
- ☐ 타임   some
- ☐ 버터   1Ts

만드는 방법

01 깊은 오븐팬에 껍질을 벗기고 반으로 잘라 손질한 샬롯을 넣고 설탕과 발사믹 식초를 뿌려 준다.

02 타임과 버터를 넣고 뚜껑을 덮어 준 후 120℃ 오븐에 30분간 익혀 준다.

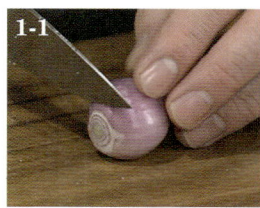   

브로콜리 튀김

재료

- ☐ 브로콜리   100g
- ☐ 중력분   50g
- ☐ 소금   some
- ☐ 물   10ml
- ☐ 튀김유   1L

만드는 방법

01 브로콜리는 소금을 뿌려 절여 수분을 빼 준다.

02 밀가루에 물을 섞어 반죽을 만들어 준 후 덧가루를 뿌린 브로콜리에 튀김옷을 입혀 160℃ 기름에 노릇하게 튀겨 준다.

호요트 소스

재료

- 닭 뼈 300g
- 토마토 페이스트 30g
- 월계수잎 1ea
- 통후추 some
- 샐러드유 30㎖
- 레드 와인 100㎖
- 로즈마리 1줄기
- 물 2L
- 홀렌다이즈 소스* 1큰술

미르푸아

- 양파 50g
- 당근 30g
- 마늘 1ea
- 셀러리 30g

*본문 37p

만드는 방법

01 닭 뼈는 불순물을 제거 후 오븐에서 노릇하게 색을 내 준다.
02 닭 뼈를 냄비에 옮겨 준 후 오일과 미르푸아를 넣고 볶아 색을 내 주고 토마토 페이스트를 넣어 향을 내 준다.
03 구운 닭 뼈와 미르푸아를 함께 섞어 냄비에 옮겨 준 후 레드 와인을 넣어 자작하게 데글라세 해 주고 물과 함께 로즈마리, 월계수잎, 통후추를 넣어 끓여 준다.
04 고운체에 내려 준 후 한 번 더 졸여 농도를 맞추어 준다.
05 홀렌다이즈 소스와 합쳐 준다.

직 종 명	요리	과제명	Main Dish	과제번호	제3과제
경기시간	120분	비번호		심사위원 확 인	(인)

1. 요구사항	1. 닭 가슴살은 뼈와 살을 분리 후 메인 요리를 만드시오. 2. 닭 가슴살에 버섯 뒥셀을 채운 요리 3접시를 만드시오. 3. 닭 뼈는 손질 후 치킨 스톡을 끓이고 어울리는 소스를 만들고 요리에 사용하시오. 4. 서로 다른 조리법의 3가지 뜨거운 야채 가니쉬를 곁들이시오. 5. 닭고기에 어울리는 1가지 퓨레를 만들어 곁들이시오. 6. 1인분의 닭고기 무게가 120g 이내로 만들고 소스를 곁들여 내시오.
2. 필수사용 재료	1. 닭 가슴살 2. 양송이버섯 3. 감자 4. 느타리버섯 5. 생크림
3. 유의사항	가. 닭고기는 청결하게 손질하고 속에 뒥셀을 스터핑하는 것에 유의한다. 나. 닭 요리에 어울리는 소스와 퓨레를 만드는 것에 유의한다. 다. 닭 가슴살 요리가 120g 이내에 맞는지 유의하시오. 라. 창의적인 3가지 이상의 야채 가니쉬를 만드는 것에 유의하시오. 마. 재료 특성에 맞는 조리법과 조화와 창의성 및 익힘 정도에 유의하시오.
4. 규정사항	가. 지급된 재료 이외의 것은 사용하지 않으며 식재료의 추가지급은 하지 않는다. 나. 완성된 요리의 온도, 익힘 정도 등은 그 요리의 특성에 맞도록 한다. 다. 모든 작업은 위생적으로 하며 정리 정돈을 한다. 라. 사용 할 수 있는 남은 재료는 버리지 않는다. 마. 필수사용 재료는 반드시 사용해야 하며, 미사용 시 해당 과제는 0점 처리한다.

출제 문제 예시

닭 가슴살 응용 과제 사진

버섯과 야채로 만든
뒥셀을 채운 후 찐 닭 가슴살,
당근 퓌레와 감자 뇨끼,
허브 오일

시금치와 버섯을 넣어 채운
닭 가슴살 찜, 감자 뇨끼와
시금치와 당근 퓌레

닭 요리 팁

- 스터핑과 스팀 조리법을 명시한 조리법을 꼭 지켜야 한다. 자세하게 적힌 문제일수록 규정을 철저히 지키는 것이 좋다.
- 스팀의 온도는 100℃ 이상이기에 닭고기의 내부 온도를 잘 체크하며 조리해야 한다. 자칫하다가는 너무 익고 수분을 머금어 스터핑이 퍼질 수도 있기 때문이다.

메인

양

주재료 : 양

양 갈비가 문제로 나오면 소고기 안심처럼 미디엄으로 조리하라는 문제가 나올 확률이 높다. 오븐의 조리 온도를 이용하여 바뀐 환경에서도 똑같은 고기 온도가 나오게끔 연습하는 것이 좋다. 이렇게 미디엄 온도를 요구하는 요리를 할 때면 육류를 오븐에 들어가기 전부터 충분히 실온에 놓아 두어 미세한 내부 온도의 변화에 대비하도록 하자.

식자재 리스트

☐ 램 락	1.2kg	☐ 생크림	300ml
☐ 감자	500g	☐ 빵가루	300g
☐ 당근	300g	☐ 중력분	300g
☐ 사과	300g	☐ 우유	1L
☐ 양파	500g	☐ 디종 머스터드	30g
☐ 셀러리	300g	☐ 토마토 페이스트	100g
☐ 시금치	50g	☐ 화이트 와인	500ml
☐ 파슬리	10g	☐ 레드 와인	500ml
☐ 바질	5g	☐ 레몬즙	100ml
☐ 민트	5g	☐ 버터	300g
☐ 타임	5g	☐ 퓨어 올리브유	500ml
☐ 월계수잎	5g	☐ 튀김유	1L
☐ 마늘	50g	☐ 샐러드유	500ml
☐ 로즈마리	30g	☐ 소금	50g
☐ 스파게티면	30g	☐ 설탕	50g
☐ 달걀	6ea	☐ 통후추	50g

★ 출제문제

1. 양고기는 뼈와 살을 분리해 준 후 허브 크러스트를 곁들이시오.
2. 양고기 뼈 육수를 활용한 소스를 만드시오.
3. 윌리엄 포테이토를 만들고 2가지 야채 가니쉬를 곁들이시오.

허브 크러스트를 얹은 양 갈비, 윌리엄 포테이토와 민트향의 사과 쳐트니, 당근 퓌레, 타임향의 양고기 소스

Herb crusted on lamb loin, williams potatoes, mint flavor apple chutney, carrot puree, thyme flavor lamb sauce

양고기는 소고기와 더불어 미디엄 온도를 요구하는 기출 재료 중 하나이다. 허브 크러스트는 버터와 반죽하는 방법, 빵가루만 사용하는 방법 등이 있다. 문제에서 특별히 명시하지 않는다면 빵가루만 활용한 크러스트를 만드는 것을 추천한다.

문제의 요구 조건을 보면 '2가지 야채 가니쉬'와 '2가지 이상의 야채 가니쉬'라는 말이 있는데 '이상'이라는 말이 붙지 않으면 가니쉬는 딱 2가지만 만들어야 한다. 문제의 요지를 정확히 파악해야 실수하지 않는다.

주재료 * 램 락(양 갈비)   **조리법** * 로스팅   **응용소스** * 타임향의 양고기 소스

타임 테이블

| 1 | 재료 세척 및 분류 | •••• | • 세척 시에 물기를 바로 닦아 준 후 준비된 재료 통에 나누어 놓는다. |

2 **육류 손질** ••••
- 양고기는 뼈와 살을 발라 준 후 살은 냉장고에 넣어 준다.
- 뼈는 흐르는 물에 깨끗이 씻어 준 후 밀가루에 버무려 오븐에 미리 넣어 놓는다.

3 **야채 손질과 오래 걸리는 소스 만들기** ••••
- 야채는 칼로 손질을 한 후 오래 삶아야 하는 야채나 끓이는 퓌레 같은 경우는 냄비에 넣어 조리해 준다. 뒥셀도 이때 만들어 준다.
- 완성된 야채는 중탕으로 데워 나갈 수 있게 준비해 놓는다.
- 시간이 오래 걸리는 소스는 위 야채 손질 후에 바로 끓여 준비한다. 양 뼈가 노릇하게 익으면 미르푸아와 함께 냄비에 넣어 끓이기 시작한다.

4 **허브 크러스트와 윌리엄 포테이토 만들기** ••••
- 허브 크러스트를 만들어 준다.
- 윌리엄 포테이토는 튀기기 직전까지 완성해 놓는다.

5 **주요리 만들기** ••••
- 손질한 양고기가 오븐에 들어가 있는 동안 가니쉬와 튀김, 소스를 완성해 놓는다.

6 **완성하기** ••••
- 양고기를 오븐에서 꺼내 크러스트를 발라 바삭하게 구워 완성해 준다. 중탕으로 데워 놓은 가니쉬와 퓌레, 튀김, 완성된 소스를 준비한다.
- 접시를 오븐에 데우고 양고기를 자른 후 수분을 제거한 후에 접시에 가니쉬와 함께 플레이팅 해 준다.

작업 포인트

양 갈비를 손질할 때 뼈와 살 부분을 잘 발라 양 로인의 모양을 최대한 잘 살린다. 크러스트를 구워 준 후에 완성된 양 갈비에 발라 주기도 한다. 하지만 문제에 '허브 크러스트를 둘러 구워 주시오.'라고 명시되어 있다면 꼭 출제자의 의도를 따라야 한다.

허브 크러스트를 얹은 양 갈비

재료

양고기
- [ ] 램 락(700g) — 1쪽
- [ ] 소금 — some
- [ ] 퓨어 올리브유 — 15ml
- [ ] 디종 머스터드 — some

허브 크러스트
- [ ] 시금치 — 30g
- [ ] 파슬리 — 10g
- [ ] 바질 — 5g
- [ ] 로즈마리 — 5g
- [ ] 빵가루 — 100g
- [ ] 소금 — some

만드는 방법

01 양고기는 뼈와 살을 트리밍 해 준 후 고기 내부 근막도 제거해 준다.
    제거해 주지 않으면 익혔을 때 질겨진다.
02 양고기는 소금간을 해 준 후 오일을 두르고 실로 묶어 준다.
03 종이호일로 감싸 준 후 100℃ 오븐에 넣어 30분간 익혀 내부 온도 50℃로 맞춰 준다.
04 오븐에서 꺼낸 양고기는 사방으로 30초간 리솔레 하여 색을 내 준다.
05 빵가루와 소금, 파슬리, 바질. 로즈마리, 시금치를 거칠게 갈아 준다.
06 리솔레 한 양고기에 머스터드를 바르고 허브 빵가루를 얹어 준 후 220℃ 오븐에 5분간 익혀 빵가루를 바삭하게 만들어 준다.
07 레스팅 후 잘라 접시에 놓는다.

윌리엄 포테이토

재료

- 감자(150g)   1ea
- 버터   30g
- 중력분   30g
- 달걀물   50ml
- 빵가루   50g
- 소금   some
- 스파게티면   2ea
- 튀김유   1L
- 우유   500ml
- 로즈마리   5g

만드는 방법

01 감자는 반으로 잘라 준 후 우유와 로즈마리, 소금을 넣은 물에 삶아 준다.
02 감자는 뜨거울 때 체에 내려 으깨 준다.
03 감자와 녹인 버터, 소금을 버무려 준 후 배 모양으로 성형해 준다.
04 냉장고에서 충분히 굳혀 준 후 밀가루, 달걀물, 빵가루를 두르고 3분 삶은 스파게티면을 꽂아 준 후 180℃ 온도에 노릇하게 튀겨 준다.

민트향의 사과 쳐트니

재료

- ☐ 사과(150g)   1ea
- ☐ 민트   1g
- ☐ 화이트 와인   100㎖
- ☐ 레몬즙   10㎖
- ☐ 설탕   1Ts
- ☐ 물   100㎖
- ☐ 버터   1Ts

만드는 방법

01 민트는 다져 주고 사과는 스몰 다이스 해 준다.
02 냄비에 버터를 두르고 사과를 넣어 천천히 볶아 준다.
03 사과에 수분이 나오면 화이트 와인을 넣어 자작하게 졸여 준다.
04 설탕을 넣고 물을 조금씩 넣어가며 사과를 부드럽게 만들어 준다.
05 농도가 나오면 다진 민트와 레몬즙을 넣어 마무리해 준다.

당근 퓌레

재료

- 당근   150g
- 우유   500ml
- 버터   1Ts
- 생크림   15ml
- 소금   some

만드는 방법

01 당근은 얇게 슬라이스 해 준다.
02 냄비에 버터를 두르고 당근을 볶아 색이 나면 소금과 우유를 넣어 끓여 준다.
03 당근이 익으면 건져 내어 크림과 함께 곱게 갈고 체에 내려 준다.

타임향의 양고기 소스

재료

- 양 뼈 — 200g
- 토마토 페이스트 — 30g
- 양파 — 50g
- 당근 — 30g
- 마늘 — 1ea
- 셀러리 — 30g
- 월계수잎 — 1ea
- 통후추 — some
- 샐러드유 — 30ml
- 물 — 2L
- 레드 와인 — 100ml
- 중력분 — some

타임 소스
- 타임 — 2줄기
- 레드 와인 — 100ml

만드는 방법

01 양 뼈는 밀가루를 두른 후 오븐에서 노릇하게 색을 내 준다.
02 노릇하게 구운 양 뼈를 냄비로 옮겨 준 후 기름을 두르고 다이스 한 미르푸아와 섞어 색을 내 준 후 토마토 페이스트를 넣어 향을 내 준다.
03 레드 와인을 넣어 자작하게 데글라세 해 준 후 물과 함께 월계수잎, 통후추를 넣고 끓여 준다.
04 고운체에 내려 준 후 한 번 더 졸여 농도를 맞추어 준다.
05 레드 와인에 타임을 넣고 끓여 자작하게 만들어 준 후 체에 걸러 타임 소스를 만들어 준다.
06 양고기 소스와 타임 소스를 합쳐 준다.

> 메인

오리

주재료 : 오리

오리고기만큼 까다로운 식재료도 드물다. 가슴살 같은 경우는 미디엄 온도로 문제가 나올 경우가 많고 껍질 또한 바삭하게 구워야 하는 훈련이 많이 필요한 재료이다. 가금류는 기본적으로 구조는 같지만 오리는 닭에 비해 뼈가 굵고 몸통이 길다. 가슴살을 손질할 때에 특히 뼈와 살을 잘 분리해 로스율을 줄여야 한다.

식자재 리스트

재료	수량	재료	수량
☐ 오리	1마리	☐ 시나몬 파우더	30g
☐ 감자	300g	☐ 버터	150g
☐ 양파	300g	☐ 달걀	6ea
☐ 당근	1ea	☐ 중력분	300g
☐ 마늘	150g	☐ 빵가루	100g
☐ 셀러리	100g	☐ 샐러드유	500ml
☐ 대파	300g	☐ 엑스트라 버진 올리브유	500ml
☐ 아스파라거스	6ea	☐ 튀김유	2L
☐ 오렌지	1ea	☐ 화이트 와인	500ml
☐ 완숙 토마토	3ea	☐ 레드 와인	500ml
☐ 토마토 페이스트	300g	☐ 그랑 마니에르	100ml
☐ 설탕	50g	☐ 타임	10g
☐ 소금	50g	☐ 로즈마리	5g
☐ 꽃소금	50g	☐ 바질	10g
☐ 통후추	30g	☐ 월계수잎	5g

★ 출제문제
1. 오리를 손질 후 2가지 요리를 만드시오.
2. 오리 뼈를 활용하여 육수를 만들고 그 육수로 소스를 만드시오.
3. 가루로 파스타 가니쉬를 만들고 토마토 소스를 곁들이시오.

미디엄으로 익힌 오리 가슴살과 오리 다리살 튀김·
토마토 소스를 곁들인 오리고기 라비올리와 구운 대파와 아스파라거스·
오렌지 세그먼트와 비가라드 소스

Medium-cooked duck breast and fried duck leg, duck meat ravioli with tomato sauce, grilled green onion and asparagus, orange segment and bigarade sauce

오리는 가금류 중 가장 까다로운 식자재이다. 오리 미디엄은 아직까지도 우리에게 익숙하지 않은 템퍼이기도 하지만 껍질은 바삭하게 속은 촉촉하게 하는 조리법이 쉽지 않기 때문이다. 오리는 오렌지 같은 시트러스 계열의 과일을 넣은 소스가 어울린다. 오리 뼈를 이용한 소스 문제에는 오렌지를 활용한 소스가 나올 확률이 높다. 메인 재료를 두 가지로 조리해야 하는 상황이 온다면 건식 조리법과 습식 조리법의 두 가지로 크게 나누면 편하긴 하지만 오리 같은 경우는 습식 조리법보다는 건식 조리법을 사용하는 것이 더 맛이 좋다.

주재료 * 오리　　**조리법** * 팬프라이, 튀김　　**응용소스** * 토마토 소스, 비가라드 소스

타임 테이블

1	재료 세척 및 분류	····	• 세척 시에 물기를 바로 닦아 준 후 준비된 재료 통에 나누어 넣는다.
2	육류 손질	····	• 오리는 뼈와 살을 발라 준 후 살은 냉장고에 넣어 놓는다. • 뼈는 흐르는 물에 깨끗이 씻어 준 후 밀가루에 버무려 오븐에 미리 넣어 놓는다.
3	야채 손질과 오래 걸리는 소스 만들기	····	• 야채는 칼로 손질을 한 후 오래 삶아야 하는 야채나 끓이는 퓌레 같은 경우는 냄비에 넣어 조리해 준다. 뒥셀도 이때 만들어 준다. • 완성된 야채는 중탕으로 데워 나갈 수 있게 준비해 준다. • 시간이 오래 걸리는 소스는 위 야채 손질 후에 바로 끓여 준비해 준다. 오리 뼈가 노릇하게 익으면 미르푸아와 함께 냄비에 넣어 끓이기 시작한다.
4	라비올리 반죽하기와 다리살 튀김 만들기	····	• 라비올리 반죽과 속재료를 준비해 준 후 라비올리를 만들어 준다. • 다리살 튀김도 튀기기 직전까지 완성해 놓는다.
5	주요리 만들기	····	• 오리 가슴살은 레스팅 시간까지 계산 후 팬 프라이를 해 준다.
6	완성하기	····	• 오리고기를 레스팅 해 준다. 레스팅 때에 다리살 튀김을 완성해 주고 중탕으로 데워 놓은 가니쉬와 퓌레, 튀김, 완성된 소스를 준비한다. • 접시를 오븐에 데운다. 가슴살을 자르고 수분을 제거한 후에 접시에 가니쉬와 함께 플레이팅 해 준다.

작업 포인트

오리껍질을 바삭하게 잘 익혀 주려면 껍질의 수분을 충분히 빼 주어야 한다. 한 순간에 고기가 미디엄 온도를 넘어갈 수 있기 때문에 고기의 두께와 시간을 잘 체크해서 조리하도록 한다. 온도계를 사용할 수 없을지도 모르니 반복적인 훈련만이 답이다. 고기의 중량이나 두께로 굽는 시간을 계산해 조리하는 방법을 추천한다.

» 가슴살 두께 4cm일 때 조리시간 4분

미디엄 오리 가슴살

재료

- 오리 가슴살   1ea
- 버터   1Ts
- 샐러드유   some
- 꽃소금   1Ts
- 타임   some
- 로즈마리   some
- 마늘   1ea

만드는 방법

01 오리 가슴살은 껍질 쪽에 소금을 뿌려 15분 간 마리네이드 해 준다.
02 소금을 털어 내 준 후 수분을 제거해 준다.
03 팬에 얇게 버터 코팅을 해 준 후 약한 불에서 껍질 부분부터 익혀 준다.
04 오리를 눌러 주며 열을 가하고 껍질에서 기름이 나오기 시작하면 오일을 더해 아로제를 해 준다.
05 약 5분간 아로제를 해 준 후 껍질이 노릇한 색을 낸 것을 확인한 후 뒤집어 허브와 마늘을 넣고 약 1분~1분 30초가량 더 익혀 준다.
06 내부 온도가 53℃에서 상승하는 것을 확인한 후에 꺼내 준다.
07 레스팅을 해 준 후 내부 온도 63℃ 정도 미디엄으로 안정되면 컷팅 해 준다.

오리 다리살 튀김

재료

- ☐ 오리 다리살   200g
- ☐ 으깬 감자   100g
- ☐ 다진 양파   30g
- ☐ 다진 마늘   1ea
- ☐ 다진 셀러리   1줄기
- ☐ 소금   some
- ☐ 중력분   30g
- ☐ 달걀물   50ml
- ☐ 빵가루   50g
- ☐ 튀김유   1L

만드는 방법

01 오리 다리살은 곱게 다져 준다.

02 감자는 삶아 으깨 주고 양파, 마늘, 셀러리는 다져 준비해 준다.

03 곱게 다진 오리 다리살을 감자와 야채들과 섞어 버무려 준 후 소금 간을 하고 동그랗게 빚어 준 후 밀가루, 달걀물, 빵가루를 입혀 노릇하게 튀겨 준다.

토마토 소스

재료	
☐ 완숙 토마토	500g
☐ 토마토 페이스트	50g
☐ 화이트 와인	50ml
☐ 양파	50g
☐ 마늘	10g
☐ 바질	some
☐ 월계수잎	1ea
☐ 소금	1ts
☐ 설탕	1ts
☐ 물	500ml
☐ 버터	1Ts

만드는 방법

01 토마토는 껍질을 벗겨 준 후 스몰 다이스 해 준다.
02 양파와 마늘을 곱게 다져 준다.
03 냄비에 버터를 두르고 양파와 마늘을 볶아 준다.
04 토마토를 넣어 준 후 향이 올라오면 토마토 페이스트를 넣어 꾸덕하게 볶아 준다.
05 화이트 와인을 넣어 졸여 준 후 물을 넣어 끓여 준다.
06 다진 바질과 월계수잎, 소금, 설탕을 넣고 30분간 끓여 맛과 풍미를 더해 준다.

오리고기 라비올리

재료

라비올리 속
- 오리고기 30g
- 양파 30g
- 마늘 10g
- 대파 30g

라비올리 반죽
- 중력분 100g
- 달걀노른자 1ea
- 물 10ml
- 엑스트라 버진 올리브유 15ml
- 소금 some
- 달걀물 some

만드는 방법

01 체에 친 밀가루에 소금을 뿌리고 노른자로 선 반죽을 한다.
» 덧가루는 꼭 빼 놓는다.
02 노른자로 반죽이 되직하면 물을 소량 추가하고 1차 숙성을 시켜 준다.
» 숙성 후에는 반죽이 더 질어지고 부드러워지니 유의한다.
03 반죽에 오일을 둘러 한 번 더 치대어 반죽을 부드럽게 만들어 준다.
04 밀대로 반죽을 일정하게 밀어 준 후 몰드로 찍어 준다.
05 라비올리 속 재료는 곱게 다져 버무려 준 후 라비올리 반죽 위에 올리고 달걀물을 발라 다시 반죽으로 덮어 준다.
06 원형틀로 찍어 준 후 끓는 물에 데쳐 준다.

*라비올리 : 토르텔리니의 하위 버전으로 만두 형식, 덮는 형식 등이 있다. 편수 모양으로 다양하게 표현하기도 한다.

구운 대파와 몽떼 한 아스파라거스

재료

- 대파 — 1줄기
- 시나몬 파우더 — some
- 아스파라거스 — 3ea
- 오렌지 제스트 — some
- 버터 — 1Ts
- 물 — 60ml
- 설탕 — 1ts
- 샐러드유 — 15ml

만드는 방법

01. 아스파라거스는 껍질을 벗겨 준비해 준다.
02. 물과 버터, 설탕을 녹여 준 후 아스파라거스를 넣고 데쳐 준다.
03. 오렌지 제스트를 뿌려 마무리 해 준다.
04. 대파는 칼집을 내 준 후 오일을 두른 팬에서 노릇하게 색을 내 준다.
05. 시나몬 파우더를 뿌려 마무리 해 준다.

오렌지 세그먼트와 비가라드 소스

재료

- 오렌지 1/2ea
- 그랑 마니에르 10ml
- 화이트 와인 100ml
- 오리 뼈 300g
- 토마토 페이스트 30g
- 월계수잎 1ea
- 통후추 some
- 샐러드유 30ml
- 레드 와인 100ml
- 로즈마리 1줄기
- 물 2L

미르푸아

- 양파 100g
- 당근 50g
- 마늘 1ea
- 셀러리 50g

만드는 방법

퐁 드 카나르

01 오리 뼈는 불순물을 제거 후 오븐에서 노릇하게 색을 내 준다.

02 오리 뼈를 다이스 한 미르푸아와 섞어 오일을 둘러 볶아 색을 내 준 후 토마토 페이스트를 넣어 향을 내 준다.

03 레드 와인을 넣어 자작하게 데글라세 해 준 후 물과 함께 월계수잎, 통후추, 로즈마리를 넣고 끓여 준다.

04 고운체에 내려 준 후 한 번 더 졸여 농도를 맞추어 준다.

비가라드 소스

05 화이트 와인에 오렌지 껍질과 과육을 넣고 끓여 자작하게 만들어 준다.

06 그랑 마니에르를 추가해 준 후 체에 내려 위의 퐁 드 카나르와 섞어 준다.

오렌지 세그먼트

07 오렌지 세그먼트는 손질 후 기름을 두르지 않은 팬에서 구워 준다.

» 오렌지 과육이 퍼지지 않고 모양을 유지하기 위함이다.

08 접시에 재료들을 플레이팅 후 소스를 얹고 소스 위에 오렌지 세그먼트를 올려 마무리 해 준다.

> 디저트

미니어처 디저트 응용

타르트는 미니어처 디저트 문제에 자주 나오는 메뉴로 타르트 반죽 안에 재료를 채워 함께 굽거나 이 레시피처럼 구워 준 후 따로 올려 더해 줄 수가 있다. 미니어처 디저트는 일반적으로 세 가지 메뉴가 나온다. 디저트는 주어진 재료가 한정적이기 때문에 무스 레시피, 타르트 레시피를 숙지해 놓으면 응용하기가 좋다.

식자재 리스트

☐ 우유	500ml	☐ 망고 퓌레	100ml
☐ 레몬	5ea	☐ 판 젤라틴	30g
☐ 버터	500g	☐ 생크림	500ml
☐ 마스카포네 치즈	500g	☐ 화이트 초콜릿	500g
☐ 박력분	500g	☐ 슈가 파우더	50g
☐ 전분	100g	☐ 아몬드 파우더	50g
☐ 소금	50g	☐ 흑임자 파우더	50g
☐ 설탕	500g	☐ 코코아 파우더	30g
☐ 물엿	100g	☐ 애플민트	5g
☐ 바닐라 익스트랙	50ml	☐ 피스타치오	50g
☐ 달걀	15ea		

★ 출제문제
1. 망고 퓌레와 초콜릿을 이용한 바바루아 방식의 미니어처 디저트를 만드시오.
2. 레몬을 이용한 소스를 만드시오.

흑임자 쇼콜라 블랑 타르트·코코아 크럼블과 피스타치오 머랭· 와인에 절인 청포도·레몬 커드와 샹티 크림

Black sesame chocolate blac tart, cocoa crumble pistachio meringue, wine marinated green grape, lemon curd and chantilly cream

기능경기대회 디저트는 크게 2가지로 분류할 수 있다. 재료들을 접시에 나열하여 스킬을 볼 수 있는 '플레이팅 디저트'와 각각의 재료별로 개별의 독자적인 모양을 가진 디저트를 작게 만들어 접시에 올리는 '미니어처 디저트'로 문제의 유형은 매해 다르게 출제된다. 이 디저트는 쇼콜라 블랑 무스를 만들어 준 후 타르트에 올려 두 가지를 만드는 스킬을 평가할 수 있는 문제로 무스의 식감과 타르트를 만드는 공정에 유의해야 한다.

| 주재료 * 화이트 초콜릿 | 조리법 * 무스, 타르트 | 응용소스 * 레몬 커드, 샹티 크림 |

	타임 테이블		
1	재료 세척 및 분류	....	• 세척 시에 물기를 바로 닦아 준 후 준비된 재료 통에 나누어 놓는다. 디저트 특성상 도마를 사용할 일이 많지 않기 때문에 테이블을 넓게 활용하는 것이 좋다.
2	재료 계량	....	• 타르트, 무스, 크럼블과 머랭 등 재료에 들어가는 밀가루, 설탕 등을 계량해 놓는다.
3	무스와 머랭 만들기	....	• 굳는 시간이 오래 걸리는 무스를 만들어 냉장 또는 냉동고에 굳혀 준다. • 머랭 또한 시간이 오래 걸리니 오븐 사용 시간을 잘 활용하여 초반부에 만들어 놓는다.
4	소스와 가니쉬 만들기	....	• 무스가 굳고 머랭을 만드는 시간 동안 타르트 반죽, 소스, 과일 손질 등을 한다. • 설탕 가니쉬를 만들어 녹지 않게 잘 준비해 준다.
5	완성하기	....	• 타르트를 충분히 구워 식혀 주고 굳은 쇼콜라 블랑 무스를 얹어 준다. • 차가운 접시에 쇼콜라 블랑 타르트로 중심을 잡아 준 후 소스와 가니쉬를 얹어 마무리해 준다.

작업 포인트

한정된 시간 안에 쇼콜라 블랑 무스를 잘 굳히는 것이 포인트이다. 문제에 따라 드라이아이스를 주는 경우도 있기 때문에 급속도로 굳히려면 이 어는점을 잘 활용하는 것이 좋다. 젤라틴이 많이 들어가면 무스가 잘 굳어 공정은 쉬울 수 있으나 맛 평가에서 감점 요인이 크니 주의해야 한다.

흑임자 타르트와 코코아 크럼블

재료	
버터	74g
박력분	140g
전분	8g
슈가 파우더	50g
아몬드 파우더	22g
소금	1g
달걀	34g
흑임자 파우더	10g
코코아 파우더	5g

만드는 방법

본 반죽

01 버터와 박력분, 전분, 슈가 파우더, 아몬드 파우더, 소금을 넣고 푸드 프로세서에 갈아 준다.
02 반죽이 어느 정도 뭉쳐지면 달걀을 넣고 한 번 더 갈아 준다.
03 반죽을 반으로 나누어 각각 흑임자 파우더와 코코아 파우더를 섞어 완성한다.

흑임자 반죽

04 흑임자 반죽을 꺼내어 뭉쳐 준 다음 필름지에 원하는 두께로 편다.
05 냉장고에 넣어 차가워진 반죽을 타르트 틀에 맞게 재단한다.
06 160℃ 오븐에서 13분 구워 준다.

코코아 반죽

07 코코아 반죽은 굵은 체에 내려 모래알 같은 모양의 크럼블을 만든다.
08 160℃ 오븐에서 13분 구워 준다.

쇼콜라 블랑 무스

재료	
□ 우유	50ml
□ 노른자	20g
□ 설탕	10g
□ 판 젤라틴	2g
□ 화이트 초콜릿	45g
□ 생크림	100ml

만드는 방법

01 우유, 노른자, 설탕을 냄비에 올려 저어주며 83℃까지 데워 앙글레이즈 크림을 만든다.
02 젤라틴은 찬물에 불려 둔다.
03 앙글레이즈 크림은 체에 거르고 젤라틴과 초콜릿을 중탕으로 녹인 다음 블렌더로 믹싱한다.
04 생크림은 50% 휘핑 한 다음 섞어 준다.
» 주걱으로 저을 때 바로 흐르지 않고 몽실몽실하게 흐르는 농도로 맞춘다.
05 완성된 무스는 실리콘 몰드에 채워 냉동한다.

망고 민트 젤리

재료

- ☐ 망고 퓌레　　　70g
- ☐ 설탕　　　　　12g
- ☐ 레몬즙　　　　3ml
- ☐ 판 젤라틴　　　2g
- ☐ 애플민트　　　1줄기

만드는 방법

01　망고 퓌레, 설탕, 레몬즙을 넣고 끓여 준다.
02　다진 애플민트와 불려둔 젤라틴도 함께 섞는다.
03　타르트지에 필링 한 뒤 냉장고에 넣는다.

화이트 초콜릿 글라사주

재료

- 물 100ml
- 설탕 150g
- 물엿 60g
- 화이트 초콜릿 80g
- 판 젤라틴 4g

만드는 방법

01 냄비에 설탕, 물엿, 물을 넣고 108℃까지 끓인다.
02 화이트 초콜릿과 불린 젤라틴에 시럽을 부어 블렌더로 갈아 고루 섞는다.
03 글라사주의 온도가 35℃ 일 때 얼어 있는 무스에 부어 완성한다.
04 망고 민트 젤리를 올린 타르트에 무스를 얹어 준다.

피스타치오 머랭

재료

- [ ] 피스타치오   20g
- [ ] 흰자   42g
- [ ] 설탕A   10g
- [ ] 물   20ml
- [ ] 설탕B   75g
- [ ] 바닐라 익스트랙   some

만드는 방법

01. 달걀흰자와 설탕A, 바닐라 익스트랙을 넣고 뿔이 생길 정도로 휘핑한다.
02. 물과 설탕B를 냄비에 끓여 시럽 온도를 118℃까지 올린다.
03. 휘핑 해 둔 흰자머랭에 끓인 시럽을 천천히 부어 단단하게 휘핑한다.
04. 피스타치오는 다진다.
05. 테프론 시트에 머랭을 원하는 모양으로 짜 준 뒤 피스타치오를 뿌려 100℃ 오븐에서 30분 굽는다.

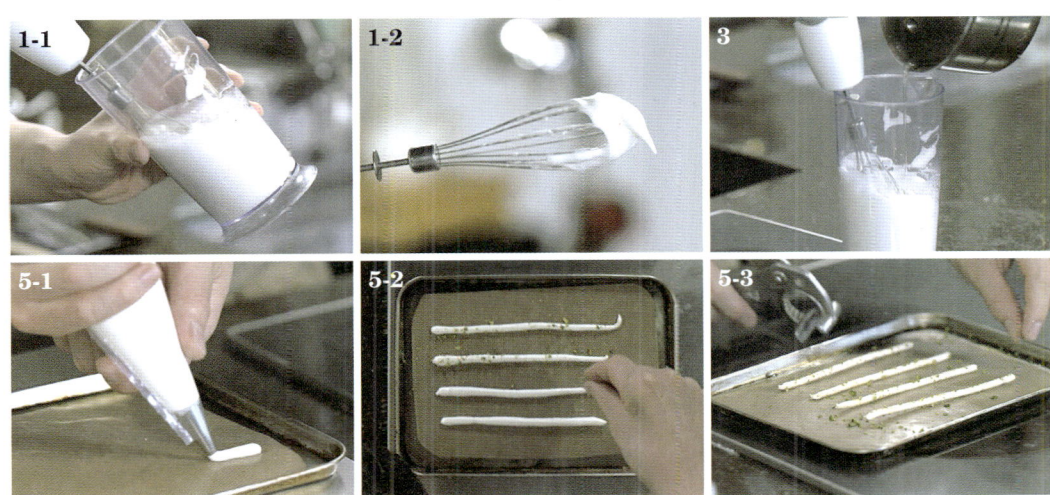

샹티 크림

재료	
☐ 생크림	100ml
☐ 설탕	15g
☐ 마스카포네 치즈	20g
☐ 바닐라 익스트랙	some

만드는 방법

01 마스카포네 치즈와 설탕을 부드럽게 풀어 둔다.

02 바닐라 익스트랙을 넣은 생크림을 휘핑 한 다음 치즈와 섞어 완성한다.

   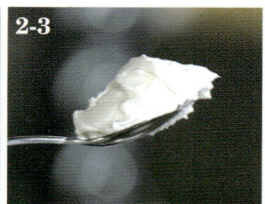

레몬 커드

재료	
☐ 우유	64ml
☐ 설탕	55g
☐ 노른자	28g
☐ 전분	3g
☐ 레몬즙	55ml
☐ 레몬 제스트	some
☐ 버터	20g

만드는 방법

01 냄비에 우유, 설탕, 노른자, 전분을 넣고 잘 섞은 뒤 익지 않는 정도로 저어가며 끓인다.

02 레몬즙과 레몬 제스트를 넣는다.

03 버터를 넣고 원하는 농도를 낸다.

04 체에 거른 다음 사용한다.

설탕 장식

재료	
☐ 설탕	200g
☐ 물	80ml
☐ 레몬즙	5ml

만드는 방법

01 냄비에 설탕, 물, 레몬즙을 넣고 시럽을 175℃까지 끓인다.
02 시럽이 농도가 나고 캐러멜화 되면 냄비를 찬물에 넣고 온도를 낮춘다.
03 테프론 시트에 부어 식혀가며 반죽을 뭉쳐 주고 당겨서 원하는 모양으로 만든다.

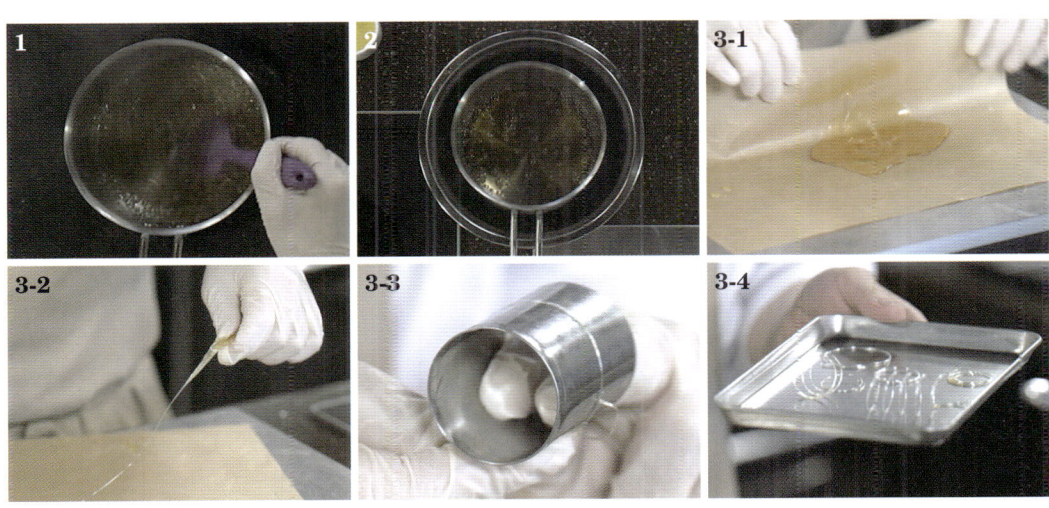

디저트

플레이팅 디저트 응용

플레이팅 디저트는 최근 자주 출제되는 문제로 구성 요소에 대한 요구 조건을 충족하는 플레이트를 만드는 것이 관건이다 이 책에 나오는 무스, 구운과자, 머랭, 초코 가니쉬, 설탕 가니쉬, 퓨레 등을 응용해 접시에 놓으면 된다. 브라우니는 메인 문제로 나오기도 하고 구성 요소 문제로 자주 출제되기에 숙지해 두면 좋다.

식자재 리스트

□ 사과	2ea	□ 레몬즙	30ml
□ 중력분	500g	□ 판 젤라틴	50g
□ 박력분	200g	□ 우유	1L
□ 달걀	10ea	□ 생크림	500ml
□ 마스카포네 치즈	300g	□ 설탕	1kg
□ 버터	300g	□ 소금	50g
□ 다크 초콜릿	200g	□ 슈가 파우더	100g
□ 다크 커버춰	200g	□ 코코아 파우더	100g
□ 바닐라 익스트랙	10ml	□ 시나몬 가루	30g
□ 럼	50ml	□ 말차 가루	30g
□ 라즈베리 퓨레	300g	□ 코코넛 파우더	30g

★ 출제문제
1 브라우니를 만드시오.
2 라즈베리 퓨레를 이용해 어울리는 소스를 만드시오.
3 다크 초콜릿으로 장식하시오.

브라우니와 말차 버터·캐러멜라이지드 애플·코코넛 치즈 크림· 시나몬 시가렛 튀일·라즈베리 꿀리

Brownie and matcha butter, caramelized apple, coconut cheese cream, cinnamon cigarette tuile, raspberry coulis

브라우니 케이크는 앞서 이야기 한 것과 같이 플레이팅 디저트 또는 미니어처 디저트에서 자주 나오는 출제문제이다. 메인 문제로 나오기도 하고 가니쉬로 활용하도록 하는 문제가 나오기도 한다. 만드는 방법 자체는 어려운 것이 없지만 그렇기 때문에 더 집중해서 만들어야 할 디저트이다. 나에게 쉬운 요리는 상대방에게도 쉽기 때문이다.

주재료 * 브라우니   **조리법** * 케이크   **응용소스** * 꿀리

타임 테이블

1	**재료 세척 및 분류**	....	• 세척 시에 물기를 바로 닦아 준 후 준비된 재료 통에 나누어 놓는다. 디저트 특성상 도마를 사용할 일이 많이 없기 때문에 테이블을 넓게 활용하는 것이 좋다.
2	**재료 계량**	....	• 브라우니, 말차 버터, 라즈베리 꿀리 등 재료에 들어가는 밀가루, 설탕, 퓌레 등을 계량해 놓는다.
3	**브라우니 케이크와 버터 만들기**	....	• 메인 과제인 브라우니를 만들어 준다. • 말차 버터를 만들어 성형 후 냉장고에 천천히 굳혀 놓는다.
4	**소스와 가니쉬 만들기**	....	• 라즈베리 퓌레와 코코넛 치즈 크림을 만들어 준다. • 초콜렛 가니쉬를 만들어 녹지 않게 잘 준비해 준다.
5	**완성하기**	....	• 만들고 식혀 성형해 준 브라우니 위에 말차 버터를 장식해 준다. • 차가운 접시에 브라우니로 중심을 잡아 준 후 코코넛 치즈 크림과 소스를 뿌리고 초콜렛 장식을 올려 준다.

작업 포인트

- 브라우니의 작업 공정에 신경 쓰고 초콜렛 가니쉬가 녹지 않게 잘 준비해 주어야 한다.
- 코코넛 치즈 크림은 오버 휩이 되면 분리될 수 있으니 농도에 유의한다.
- 출제문제가 난이도가 높지 않다면 플레이팅에 조금 더 집중하는 것이 좋다.

브라우니

재료	
☐ 다크 초콜릿	150g
☐ 버터	60g
☐ 소금	1g
☐ 달걀	100g
☐ 설탕	120g
☐ 중력분	50g
☐ 코코아 파우더	20g

만드는 방법

01 초콜릿과 버터를 중탕으로 녹여 잘 섞어 준다. 소금도 함께 넣는다.
02 달걀에 설탕을 넣고 하얗게 올라오도록 휘핑한다.
03 휘핑한 달걀과 녹인 초콜릿·버터를 섞는다.
04 중력분과 코코아 파우더를 흩쳐 체 친 가루분을 넣고 섞는다.
05 틀에 넣고 170℃ 오븐에서 15분간 굽는다.
06 식힌 뒤에 재단한다.

시가렛 튀일

재료

- 달걀흰자   55g
- 슈가 파우더   60g
- 박력분   63g
- 버터   53g
- 바닐라 익스트랙   some

만드는 방법

01 버터는 실온에 두어 부드럽게 풀어 준다.
02 가루분과 바닐라 익스트랙, 달걀흰자를 넣고 모두 섞어 준다.
03 완성된 반죽은 실리콘 패드에 펴 발라 준다.
04 160℃ 오븐에서 10분간 굽는다.

캐러멜라이지드 애플

재료

- 사과   60g
- 설탕   30g
- 버터   7g
- 시나몬 가루   some

만드는 방법

01 사과는 껍질을 깎아 썰어 둔다.
02 설탕을 팬에서 캐러멜 색이 나도록 끓인 다음 사과를 넣는다.
03 시나몬 가루와 버터를 넣고 사과를 익혀 완성한다.

말차 버터 크림

재료	
☐ 우유	40ml
☐ 달걀노른자	30g
☐ 설탕	23g
☐ 버터	150g
☐ 말차 가루	10g

만드는 방법

01 우유, 설탕, 노른자를 약불에 올려 걸쭉한 농도가 나올 때까지 저어서 앙글레이즈 크림을 만든다.
02 앙글레이즈 크림을 체에 거른 뒤 식힌다.
03 실온에 둔 버터에 앙글레이즈 크림을 조심씩 나누어 넣어가며 휘핑한다.
04 말차 가루를 넣어 원하는 색을 내어 완성한다.
05 깍지를 낀 짤주머니에 넣어 준 후 모양을 내 짜고 굳혀 준다.

코코넛 치즈 크림

재료
- 코코넛 파우더   10g
- 생크림   100㎖
- 설탕   20g
- 마스카포네 치즈   60g
- 럼   3㎖
- 마무리 코코넛 파우더   some

만드는 방법
01 생크림에 코코넛 파우더를 넣고 살짝 데워 향을 낸 뒤 체에 걸러 차갑게 식힌다.
02 마스카포네 치즈와 럼을 섞어 부드럽게 풀어 둔다.
03 코코넛 향을 낸 생크림에 설탕을 넣고 휘핑한다.
04 치즈와 생크림을 섞어 준 후 몰드에 넣어 굳혀 준다.
05 굳은 치즈 크림에 코코넛 파우더를 뿌려 마무리한다.

라즈베리 꿀리

재료

- [ ] 라즈베리 퓨레 60g
- [ ] 레몬즙 10ml
- [ ] 설탕 15g
- [ ] 판 젤라틴 1g

만드는 방법

01 라즈베리 퓨레, 레몬즙, 설탕, 판 젤라틴을 넣고 농도가 나게끔 졸여준다.
02 차갑게 식혀 사용한다.

초콜릿 장식

재료

- 다크 커버춰   150g

만드는 방법

01 뜨거운 물과 얼음물을 준비한다.
02 다크 커버춰를 믹싱볼에 넣고 뜨거운 물에 중탕으로 녹이고 난 후 찬물에 식히고 다시 데우는 방법으로 다크 커버춰의 온도가 47-27-32℃로 되게끔 템퍼링한다.
03 필름지를 이용하여 짤주머니에 넣고 짜주거나 나이프로 원하는 모양을 낸다.

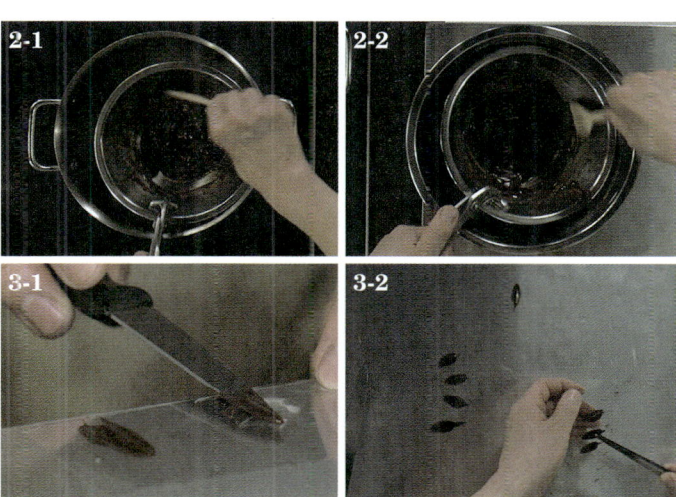

World Association of Chefs Societies

part ——— *Wacs* ——— 02

왁스 대회는 크게 라이브 핫 키친(뜨거운 요리), 전시 디스플레이(차가운 요리), 고멧 요리(뷔페 테이블)로 나뉜다. 나라마다 규정에 따라 라이브 키친 카테고리만 있는 대회가 있고 고멧 요리 카테고리가 국가대항전 식으로 펼쳐지는 대회가 있다.

이 책에 수록한 레시피는 저자가 직접 레시피를 작성하여 출전 또는 코치한 요리들로 여러 대회에서 상위권의 성적을 받은 어느 정도 검증된 레시피이다.
이 레시피에 맞추어 훈련한다면 좋은 성적이 나올 가능성이 높다.
하지만 레시피에만 의존하면 안 된다. 레시피의 정확성과 함께
선수의 기량 또한 중요하기에 훈련을 소홀히 하지 않도록 한다.
이 책에 수록된 레시피를 그대로 사용하기 보다는
레시피의 구성 요소를 파악하고 개선하여 자신의 것으로 만드는 것이 더 현명하다.

intro

대회 개요

WACS

세계 조리사회 연맹 World Association of Chefs Societies 의 약자로 1928년 프랑스 파리에서 설립되었으며, 국제요리 표준을 향상시키고 요리사의 전문성을 향상시키기 위해 설립한 기구다. 2010년 기준 87개국이 가입, 2년마다 회원국을 순회하며 총회를 연다. 한국에서는 회원국 조리사 8,000여 명이 참가한 2012년 총회 개최지가 '대전'에서 진행되었고 2013년 IYCC세계 영셰프 챌린지가 코엑스에서 개최되어 성황리에 끝났다.

WACS 요리대회는 크게 4가지 등급의 컴페티션 Competition 으로 분류할 수 있다.
Global, International, Continental, National 글로벌 등급은 IKA 독일 요리 올림픽과 EXPO-GAST 룩셈부르크 요리 월드컵, Global Chef Challenge 이렇게 3개의 요리대회가 있다. 그 외의 등급은 변화가 있을 수 있기 때문에 정확히 명시하기에는 어렵다.

대표 요리대회
IKA 독일 요리 올림픽

IKA 독일 요리 올림픽은 1900년부터 4년마다 독일에서 개최되며 WACS 요리대회 중 가장 큰 규모를 자랑한다. 나라에서 선별된 국가대표 1팀만 국가대표의 이름으로 출전할 수 있으며 개인자격으로도 참석을 할 수가 있다. 국가대항전은 크게 컬리너리 아트 전시 Display 와 라이브 쿠킹 Live hot 으로 나뉘어 평가된다. 프랑크푸르트, 에르푸르트 등 개최되는 도시가 다르다.

전문적인 식자재가 있는 대형 마트 METRO는 사전 등록 시에만 방문할 수 있고 현지 인맥이 있다면 미리 회원 카드를 구비해 놓는 방법도 있다. 경험상 지역 내 중형 마트만 방문해도 한국에서 보기 드문 야채와 식자재를 구할 수 있기 때문에 한국의 특수 재료나 특정 허브만 구비해 가면 된다. 우리가 기본적으로 생각하는 허브, 야채들은 동네 상점에서도 판매한다.

2016년 대한민국 국가대표로 출전해 동메달을 받았고 2020년에는 한국에서 최초로 레스토랑 리저널 팀 Osteria juyeon 으로 출전해 은메달, 종합 11위의 성적을 얻었다.

룩셈부르크 요리 월드컵

룩셈부르크 월드컵은 1966년 처음 시작되어 4년마다 개최되고 있다. 국가대항전, 리저널팀 대항전, 개인전으로 나누어지며 올림픽과 더불어 가장 큰 요리대회이기도 하다.

2014년 리저널 팀으로 출전해 금메달, 개인전으로는 금메달, 3위의 성적을 얻었다.

FHA 싱가폴 요리대회
아시아에서 가장 어려운 대회라고 할 수 있다. 어려운 만큼 퀄리티 있는 작품들이 많이 나온다. 아시아 3대 요리대회라고 하며 싱가폴 이외에 홍콩, 말레이시아 요리대회가 있다. 2년마다 열리는데 항상 올림픽이나 월드컵이 열리는 해와 겹치기 때문에 예선전이라고 할 정도로 치열한 요리대회이다. 4년 주기로는 국가대항전 요리대회를 하기도 한다.
2016년 브런치 카테고리에서 금메달을 수상했다. 지금은 브런치 카테고리가 사라진 상태이다.
대형 식자재 마트가 잘 구성되어 있다. 습한 기후로 인해 아스픽은 굉장히 유의해야 한다.
대회장까지 메트로가 잘 연결되어 있으며 상업적, 관광지로도 활성화 되어 있는 도시라 치안도 좋다.

HOPEX 홍콩 요리대회
개인적으로 가장 많이 출전했던 대회로 2011년부터 2019년까지 총 4번의 홍콩 요리대회에 출전을 했다. 싱가폴 요리대회 만큼 난이도가 높으며 메달의 개수 자체는 싱가폴보다 상대적으로 적은 편이다. 기존 점수에 미치지 못하면 카테고리에 메달이 아예 안 나오는 경우도 있을 정도로 엄격하다.
2013년, 2015년, 2019년 전시 메인, 애피, 5코스, 라이브 다양한 카테고리별로 금메달을 수상했다.

홍콩은 식자재를 현지에서 사도 될 정도로 마트가 잘 활성화 되어 있다. 중심지 내 마트에서 양고기 프렌치 렉을 살 수 있을 정도이니 너무 한국에서 식자재를 다 들고 갈 필요가 없다. 컨벤션 쪽 완차이 지역의 숙소를 선택하면 걸어갈 수 있을 정도로 경기장이 가깝다.

말레이시아 페낭 Battle of the chef /쿠알라룸푸르
페낭 요리대회는 휴양지에서 하는 요리대회인 만큼 자유롭지만 대회 자체의 퀄리티는 높은 편이다. 페낭은 2년마다 개최되는 말레이시아 쿠알라룸푸르 요리대회보다 규모는 작지만 LIVE 요리대회에 특성화 되어 있고 다양한 카테고리가 있어 다양한 요리에 도전할 수 있다.
말레이시아 쿠알라룸푸르 요리대회는 싱가폴, 홍콩 대회의 난이도를 따라가기 위해 다양한 카테고리의 엄격한 심사를 지향하고 있다. 대회장 근처의 ZON 호텔은 걸어 갈 수 있을 정도로 경기장과 가깝고 가성비가 좋다.

그 외에, 상하이, 필리핀, 태국 등지에서 요리대회가 매년 개최되고 있으며 각 나라별로 요리대회의 질을 높이기 위해 심사와 난이도가 매해 달라지고 있다.

WACS HOT KITCKEN

Wacs

가장 많이 출제되는 식자재 기준으로 애피타이저와 메인으로 구분했다. 위에서부터 애피타이저, 베지테리안 메인, 나머지는 육류 메인이다.

**2019 홍콩 동	애디타이저**	시금치와 마늘을 넣은 새우 터린과 아보카도 퓨레, 발사믹 에멀젼 소스, 올리브와 파프리카를 넣은 방울토마토 파르시, 케이퍼와 레물라드 소스
**2019 홍콩 금	메인**	그린 키슈, 허브 버터를 얹은 퐁당트 포테이토, 견과류 크러스트를 곁들인 고구마 스카치 에그, 콜리플라워 퓨레, 병아리콩 옥수수 벨루떼 소스
**2019 홍콩 은	메인**	큐민과 머스터드를 채운 치킨 로스트, 시금치를 넣은 매시트 포테이토, 카포나타를 채운 애호박 롤, 토마토와 샬롯 콩피, 당근 글레이징, 생강향의 아스파라거스 퓨리, 포르치니버섯 베샤멜 소스
**2019 홍콩 금	메인**	초리죠와 호밀빵을 스터핑 한 치킨 룰라드, 뒥셀, 마늘 크러스트를 입힌 폴렌타 콘치아, 르-따뚜이로 스터핑 한 송이 토마토 파르시, 사과주스에 글레이징 한 당근, 생강향의 당근 퓨레, 올리브 브라운 소스
**2019 홍콩 은	메인**	피넛 버터 크럼블을 올린 채끝 스테이크, 시금치와 버섯을 넣은 파이, 사과 쳐트니를 얹은 구운 샬롯, 꿀로 글레이징 한 베이비 캐롯과 아스파라거스, 샤슈르 소스

intro

대회 개요

왹스 요리대회의 라이브는 일반 요리대회와는 조금 다르다. 규정에 의한 평가가 확실하고 사전 준비 미장프라스에 대한 비율이 대회마다 조금씩 다르다. 45분, 1시간 정도의 시간상 규제를 따르며 완성된 요리의 질을 높이기 위해 미리 준비해 갈 수 있는 재료와 손질할 수 있는 정도가 다르다.

협찬 재료를 받는 곳은 그 주재료로 요리를 하기도 하며 대부분은 참가자가 재료를 들고 오는 방식으로 진행한다. 재료를 온전히 규정에 맞추어 가져오는 것부터가 대회 심사의 시작이다.

라이브 핫 키친은 대회 규정마다 조금씩 다르지만 통상적으로 한 개의 요리를 3인분을 만들어 낸다. 1접시는 다른 선수들 또는 관객들을 위해 전시 후 피드백용으로 밖에 놓고 2접시는 심사위원들에게 심사용으로 제공된다. 또 접시가 주어지는 대회가 있고 접시를 선수가 가져가야 하는 대회도 있기에 규정집을 꼭 확인해야 한다.

WACS HOT KITCEN 규정집 연도와 대회에 따라 변경 가능

Salad can be cleaned and washed, but not portioned.
샐러드는 세척 및 씻기가 가능하나, 분할은 불가하다.

Vegetables or fruits can be cleaned, peeled, washed, cut, but not cooked (tomatoes may be blanched and peeled and broad beans may be shelled), no vegetable purees.
야채 또는 과일은 세척하고, 껍질을 벗기고, 씻기고, 잘라낼 수 있지만 조리할 수 없고(토마토는 데치고 껍질을 벗기며 넓은 콩은 껍질을 벗길 수 있다), 야채 퓌레는 사용할 수 없다.

Pasta or dough's can be prepared but not cooked.
파스타나 반죽은 만들 수 있지만 요리할 수는 없다.

Fish, Seafood or Shellfish can be cleaned, filleted but not portioned or cooked.
생선, 해산물 또는 조개류는 세척, 필링할 수 있지만 분할하거나 조리할 수 없다.

Meats or Poultry can be deboned, not portioned, not trimmed, sausages to be prepared fresh in the kitchen, no grinded meat can be brought in, bones may be cut into small pieces.
고기나 가금류는 뼈를 바를 수 있고, 분할할 수 없으며, 다듬을 수 없으며, 소시지는 주방에서 익히지 않고 준비할 수 있으며, 간고기를 가져올 수 없으며, 뼈를 잘게 썰 수 있다.

Mousses can be minced and must be made finished during the competition.
무스는 다져서 경기 중에 완성해야 한다.

For Marinated Proteins, they can be pre-marinating.
양념된 단백질의 경우, 그것들은 미리 결합될 수 있다.

Sauces can be reduced but not finished or seasoned.
소스는 졸일 수 있지만, 완성하거나 양념할 수 없다.

Stocks are permitted.
재고는 허용된다.

Any dressings must be made during the competition.
경기 중에 드레싱을 만들어야 한다.

Fruit Coulis – Puree are allowed but must be finished during the competition.
과일 꿀리와 퓌레는 허용되지만 경기 중에 완료해야 한다.

Pastry sponges can be pre-made but not cut or shaped.
페이스트리 반죽은 미리 만들 수 있지만 자르거나 모양을 만들 수는 없다.

No supplementary equipment except the following list will be available.
다음 목록을 제외하고 보조 장비를 사용할 수 없다.

All competitors have to prepare their own induction cooking utensils and ingredients for the competition.
모든 선수는 자신의 인덕션용 조리 기구와 경기 재료를 준비해야 한다.

30cm diameter plain white plates will be provided by the Organiser, all competitors must use these plates.
30cm 직경의 플레인 화이트 플레이트는 주최자가 제공하며, 모든 선수는 이 플레이트를 사용해야 한다.

Competitors must leave the work station in a neat and tidy condition, this is part of the judging criteria
선수는 깔끔하고 정돈된 상태로 워크스테이션을 떠나야 한다. 이는 심판 기준의 일부이다.

The Organiser will not be responsible for any loss or breakage of utensils.
주최자는 장비의 분실이나 파손에 대해 책임을 지지 않는다.

국가별로 특이사항이 추가될 수 있으나 기본적 큰 틀은 비슷하다고 보면 된다. 예를 들어 말레이시아는 돼지고기 관련된 식품을 사용할 수 없는 규정이 있다.

미장프라스 규정이 중요한 이유는 이 준비과정을 철저히 지키며 1시간 또는 45분 안에 할 수 있는 요리의 한계를 적절히 조율하여야만 최선의 요리를 낼 수 있기 때문이다.

강의 보기

2019 홍콩 동 | 애피타이저

시금치와 마늘을 넣은 새우 테린과 아보카도 퓌레·
발사믹 에멀전 소스·올리브와 파프리카를 넣은 방울토마토 파르시·
케이퍼와 레물라드 소스

*Spinach and garlic with prawn terrine, avocado puree, balsamico emulsion sauce,
olives and paprika with cherry tomato farci, caper remoulade sauce*

라이브 카테고리 중 난이도가 높은 '투투 탱고' 카테고리의 애피타이저이다. 2인 1조로 애피타이저 2접시, 메인 요리 2접시를 시간에 맞추어 내는 대회이다. 두 선수의 화합이 중요하며 플레이팅 시에도 둘이서 함께 움직여 놓을 수 있게 훈련이 잘 된다면 난이도 높은 완성도의 플레이팅을 할 수 있다.

포인트

1. 투투 탱고는 혼자 하는 대회가 아니기 때문에 두 선수의 팀워크가 굉장히 중요하다. 시간과 역할을 적절히 분배하여 완벽한 요리를 내는 것에 집중한다.
2. 차가운 애피타이저와 따뜻한 메인을 만드는 요리로 시간차로 음식을 심사위원에게 제출해야 한다. 차가운 요리를 먼저 끝내고 뜨거운 요리는 완료시간 전에 맞추어 내는 것이 유리하다.
3. 토마토는 껍질을 벗겨 갈 수 있다.
4. 야채들은 500ml 통에 규격에 맞춰 소분해 갈 수 있다.

오이로 감싼 시금치와 마늘을 넣은 새우 테린

재료

- [ ] 시금치   30g
- [ ] 마늘   5g
- [ ] 흰다리새우 살   120g
- [ ] 생크림   20ml
- [ ] 달걀흰자   50g
- [ ] 오이   1ea
- [ ] 레몬 제스트   some
- [ ] 딜   some
- [ ] 소금   some

만드는 방법

01 오이는 슬라이스 후 씨앗을 제거하고 약간의 소금과 레몬 제스트, 다진 딜에 절여 놓는다.
02 새우는 크림과 소금을 넣고 곱게 갈아 준 후 체에 내려 준다.
03 다진 마늘과 데치고 식혀 채 썬 시금치를 섞어 준비한다.
04 흰자는 머랭을 만들어 주고 새우 간 것과 섞어 준 후 수분을 제거한 오이에 넣고 랩을 감싸 룰라드 해 준다.
05 60~65℃ 끓는 물에 15분간 넣어 익혀 준 후 다시 랩으로 감싸 모양을 잡아 주고 찬물에 식혀 테린을 굳혀 준다.

아보카도 퓌레

재료

- ☐ 완숙 아보카도   100g
- ☐ 우유   300ml
- ☐ 설탕   some
- ☐ 레몬즙   10ml
- ☐ 소금   some
- ☐ 생크림   15ml
- ☐ 버터   15g

만드는 방법

01 아보카도는 씨를 빼고 슬라이스 해 준 후 버터를 두른 팬에 볶아 향을 내 준다.
02 소금, 설탕, 레몬즙을 넣어 준 후 우유를 넣고 끓여 준다.
03 생크림을 넣고 곱게 갈아 준 후 체에 내리고 차갑게 식혀 준다.
04 파이핑 백에 넣어 보관 후 접시에 담아 준다.

발사믹 에멀젼 소스

재료

- 발사믹 식초   50ml
- 퓨어 올리브유   50ml
- 설탕   1ts
- 레몬 제스트   some
- 딜   some

만드는 방법

01 발사믹, 오일, 설탕 제스트를 섞고 거품기로 곱게 휘핑 한다.
02 다진 딜을 섞어 소스를 완성한다.

올리브와 파프리카를 채운 방울토마토 파르시

재료

- ☐ 껍질을 벗긴 방울토마토　2ea
- ☐ 블랙올리브　1ea
- ☐ 파프리카　10ea
- ☐ 엑스트라 버진 올리브유　10ml
- ☐ 바질　some

만드는 방법

01　올리브와 파프리카는 스몰 다이스 해 준 후 올리브유와 다진 바질에 버무려 준다.

02　씨앗을 파낸 토마토에 채워 준 후 60℃ 오븐에 30분간 데워 준 후 차갑게 보관해 준다.

케이퍼와 레물라드 소스

재료

- ☐ 케이퍼   10g
- ☐ 마요네즈   1Ts
- ☐ 앤초비   10g
- ☐ 바질   some
- ☐ 코니숑   10g
- ☐ 레몬즙   some
- ☐ 디종 머스터드   ´ts

만드는 방법

01 마요네즈와 다진 케이퍼, 다진 코니숑, 다진 바질, 다진 앤초비, 머스터드를 섞어 준다.

02 레몬즙을 넣어 농도를 맞추어 준다.

춘권피와 가니쉬

재료

- ☐ 춘권피   1ea
- ☐ 딜   some
- ☐ 바질   some
- ☐ 엑스트라 버진 올리브유   some

만드는 방법

01 춘권피는 몰드나 칼로 손질 후 100℃ 오븐에 구워 바삭하게 만들어 준다.

02 허브는 접시에 담아 준 후 엑스트라 버진 올리브유를 뿌려 준다.

2019 홍콩 금 | 메인

그린 키슈·허브 버터를 얹은 퐁당트 포테이토·견과류 크러스트를 곁들인 고구마 스카치 에그·콜리플라워 퓌레, 병아리콩 옥수수 벨루떼 소스

Green quiche, herb butter & fondante potato, nut crust with sweet potato scotch egg, cauliflower puree, chick peas with corn veloute sauce

2019년 베지테리안 카테고리 금메달을 받은 레시피이다. 베지테리언 메뉴 특성상 부족한 프로틴 단백질을 달걀을 이용한 2가지 요리로 풀어냈다.

★ 포인트
1. 파이 생지는 규정에 맞게 미리 반죽을 해갔다.
2. 야채의 껍질은 미리 벗겨 갔다. 단, 잘라 손질하지 않는다.
3. 기본적인 야채 스톡은 미리 만들어 갈 수 있다.
4. 500ml 쿡액락 통에 위생적으로 재료를 소분해 갔으며 규정에 맞게끔 미리 계량을 해가는 것이 좋다.

그린 키슈

재료

- [ ] 시금치 30g
- [ ] 바질 2g
- [ ] 드라이 토마토 10g
- [ ] 양송이버섯 30g
- [ ] 표고버섯 30g
- [ ] 모차렐라 치즈 30g
- [ ] 그라나 파다노 치즈 10g
- [ ] 샐러드유 15ml

아파레유

- [ ] 우유 50ml
- [ ] 생크림 100ml
- [ ] 다진 대파 10g
- [ ] 다진 마늘 10g
- [ ] 다진 양파 10g
- [ ] 흑후추 some
- [ ] 소금 some
- [ ] 달걀 2ea

사전 준비

파이 생지 15cm × 15cm 1장

만드는 방법

01 끓는 물에 데친 시금치, 바질, 양송이버섯, 표고버섯을 채 썰어 준 후 오일에 볶아 준다.

02 볶아 준 야채들과 채 썬 드라이 토마토, 모차렐라 치즈, 아파레유를 섞어 준 후 파이틀에 갖추어 재단한 파이생지에 채워 넣어 준다.

03 그 위에 그라나 파다노 치즈를 뿌려 주고 200℃ 오븐에서 30분간 구워 준다.

허브 버터를 얹은 퐁당트 포테이토

재료

- 감자   1ea
- 파슬리   5g
- 버터   50g
- 마늘   10g
- 딜   some
- 식빵   30g
- 샐러드유   15ml

만드는 방법

01. 파슬리, 딜, 버터, 식빵을 블렌더에 갈아 준 후 다진 마늘을 넣고 섞어 랩으로 감싸 준 후 냉동실에 굳혀 준다.
02. 감자는 올리베또 모양으로 만든 후 포칭한 후 오일을 두른 팬에 구워 준다.
03. 완성된 뜨거운 감자 위에 모양을 굳혀 랩을 벗긴 허브 버터를 얹어 준다.

견과류 크러스트를 곁들인 고구마 스카치 에그

재료

- ☐ 고구마   100g
- ☐ 달걀   1ea
- ☐ 빵가루   50g
- ☐ 달걀물   50g
- ☐ 밀가루   some
- ☐ 피스타치오   10g
- ☐ 시금치   30g
- ☐ 당근   30g
- ☐ 아몬드   10g
- ☐ 튀김유(샐러드유)   1L

만드는 방법

01. 피스타치오와 아몬드를 다져 볶아 크러스트를 만들어 준다.
02. 고구마는 삶아서 체에 내려 주고 시금치는 데쳐서 채 썰어 주고 당근은 스몰 다이스로 만들어 준 후 같이 섞어 준다.
03. 달걀은 7분 정도 삶고 고구마 반죽을 입혀 준 후 밀가루, 달걀물, 빵가루 순으로 묻힌 후 기름에 튀겨 준다.
04. 마지막에 견과류 크러스트를 묻혀 준다.

콜리플라워 퓌레

재료

- 콜리플라워　　100g
- 버터　　15g
- 우유　　350ml
- 생크림　　15g
- 화이트 초콜릿　　10g
- 소금　　some

만드는 방법

01　버터에 손질 후 다진 콜리플라워를 넣고 볶은 뒤 소금 간을 하고 우유를 넣고 끓여 준다.

02　생크림, 화이트 초콜릿을 넣어 주고 블렌더에 곱게 갈아 준다.

병아리콩 옥수수 벨루떼 소스

재료

- 불린 병아리콩　　100g
- 옥수수　　30g
- 감자　　30g
- 생크림　　15ml
- 버터　　15g
- 소금　　some
- 우유　　100ml

사전준비

버섯 채수　　500ml

만드는 방법

01　냄비에 버터를 두르고 불린 병아리콩과 다진 감자, 옥수수를 넣고 볶아 준다.

02　소금 간을 한 후 버섯 채수를 넣고 끓여 반으로 졸여 준다.

03　우유를 넣고 끓여 졸여 준 후 마지막으로 생크림을 넣어 곱게 갈아 체에 내려 준다.

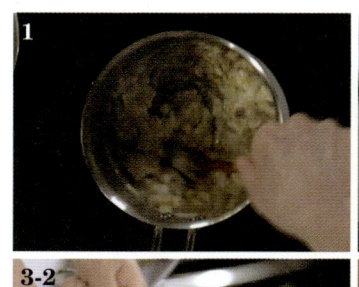
1

3-1

3-2

3-3

야채 가니쉬

재료

- [ ] 브로콜리니 　　　　1ea
- [ ] 샬롯 　　　　　　　1ea
- [ ] 방울양배추 　　　　1ea
- [ ] 베이비 캐롯 　　　　1ea
- [ ] 버터 　　　　　　　1Ts
- [ ] 소금 　　　　　　　some
- [ ] 바질 　　　　　　　some
- [ ] 설탕 　　　　　　　25g

사전준비

버섯 채수 　　　　　　50ml

만드는 방법

01　브로콜리니, 샬롯은 반으로 잘라 소금 간을 한 후 버터에 구워 준다.

02　방울양배추, 베이비 캐롯은 설탕, 버터, 채수를 녹여 준 후 바질로 향을 낸 쥬스에 버무려 글레이징 해 준다.

2019 홍콩 은 | 메인

큐민과 머스터드를 채운 치킨 로스트·시금치를 넣은 매시트포테이토·
카포나타를 채운 애호박 롤·토마토와 샬롯 콩피, 당근 글레이징·
생강향의 아스파라거스 퓌레·포르치니버섯 베샤멜 소스

Mustard stuffed roast chicken, spinach with mashed potato, caponata stuffed zucchini roll, confited tomato and shallot, glazed carrot, ginger flavor asparagus puree, porcini mushroom bechamel sauce

육류 카테고리에서 닭고기 요리는 제일 많이 나오는 단골 요리이다. 닭고기의 민감한 템퍼를 맞추고 풍미를 끌어 올리는 스킬이 중요하다. 기본적으로 닭은 대회장에서 트리밍하는 것이 좋고 도마와 칼 또한 따로 준비해 주어야 한다.

포인트
1. 닭고기 뼈로 퐁 드 볼라유를 만들어 갈 수 있다. 단 졸이거나 시즈닝을 해서는 안 된다.
2. 닭고기는 맛이 평범하다고 느낄 수 있기 때문에 만약 조리법이 단순하다면 강한 허브로 개성을 주는 것이 좋다.
3. 닭 가슴살은 61~63℃ 사이가 가장 맛있는 온도이며 껍질을 주는 닭요리는 기본적으로 껍질이 바삭해야 한다.
4. 토마토 소스는 만들어 갈 수 있다.

큐민과 머스터드를 채운 치킨 로스트

재료

- ☐ 닭   1ea
- ☐ 씨겨자 머스터드   1Ts
- ☐ 버터   50g
- ☐ 소금   some
- ☐ 큐민씨드   5g
- ☐ 샐러드유   30ml

만드는 방법

01 닭고기는 손질 후 다리와 가슴살로 나누어 준다.

02 닭 가슴살에 소금간을 한 후 껍질을 반만 벗겨 내 머스터드와 큐민으로 마리네이드 한 후 껍질을 덮어 준다.

03 닭 다리는 소금간을 하고 버터에 마리네이드 한 후 200℃ 오븐에 30분간 넣어 준다.

04 닭 가슴살은 기름을 두른 팬에 올린 후 아로제를 해 주며 10분 정도 천천히 익혀 준다.

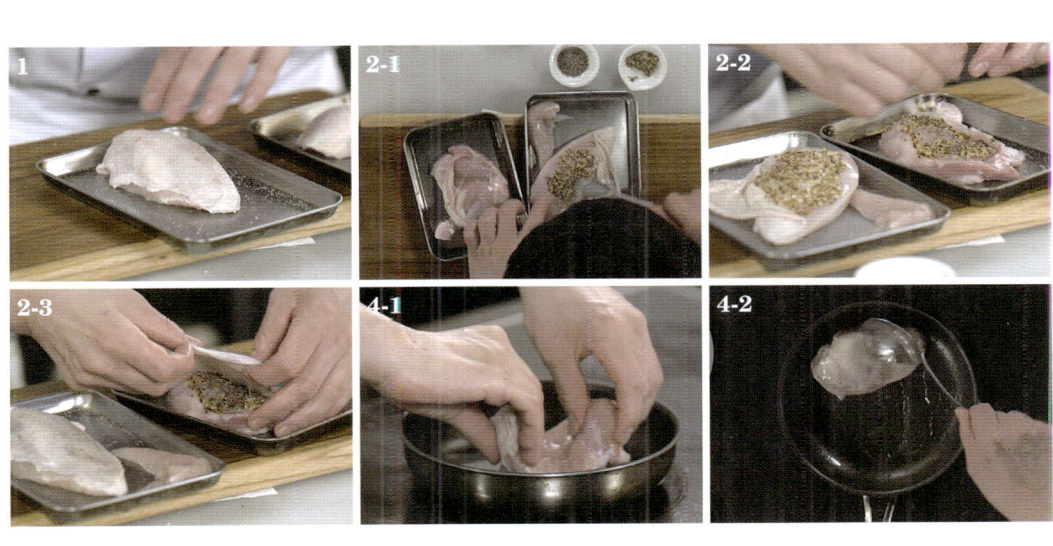

시금치 매시트포테이토

재료	
☐ 시금치	50g
☐ 감자	150g
☐ 버터	30g
☐ 우유	100ml
☐ 소금	some

만드는 방법

01 감자는 껍질을 벗기고 반으로 잘라 준 후 삶아 체에 내려 준다.

» 통상적으로는 껍질과 함께 통으로 삶는 게 좋으나 짧은 시간 안에 요리를 해야 하는 대회 특성상 시간이 오래 걸리는 감자는 토막을 내 삶아 주는 게 좋다.

02 시금치는 데쳐 준 후 우유와 함께 곱게 갈아 준다.

03 냄비에 체에 내린 감자를 넣어 준 후 소금과 버터를 두르고 매시트포테이토를 만들어 준다.

04 곱게 간 시금치 퓌레를 넣어 버무려 주며 맛과 색을 내 준다.

카포나타를 채운 애호박 롤

재료

- 애호박 1ea
- 양파 30g
- 가지 30g
- 올리브 2ea
- 쥬키니 30g
- 토마토소스 100g
- 식초 30ml
- 소금 some

만드는 방법

01. 애호박은 슬라이스하고 씨앗 부분인 가운데를 제거하고 소금간을 해 준다.
02. 다이스 한 야채들은 볶아 준 후 식초와 토마토소스에 버무려 카포나타를 만들어 준다.
03. 애호박 위에 카포나타를 얹어 준 후 랩으로 말아 준다.
04. 끓는 물에 데쳐 모양을 잡아 준다.

토마토 샬롯 콩피

재료

- ☐ 방울토마토   2ea
- ☐ 샬롯   1ea
- ☐ 발사믹 식초   30ml
- ☐ 퓨어 올리브유   50ml
- ☐ 설탕   1/2ts
- ☐ 버터   1ts
- ☐ 바질   some

만드는 방법

01 샬롯은 손질 후 버터에 구워 주고 방울토마토는 데쳐 껍질을 벗겨 준다.
02 토마토와 샬롯은 오일, 바질, 설탕, 발사믹 식초를 곁들여 준 후 200℃ 오븐에 5분간 넣어 익혀 준다.

포르치니버섯 베샤멜 소스

재료

- ☐ 양송이버섯   100g
- ☐ 포르치니버섯   15g
- ☐ 버터   15g
- ☐ 생크림   20ml

사전준비

퐁 드 볼라유   200ml

만드는 방법

01 양송이버섯과 포르치니버섯은 곱게 다져 준다.
02 냄비에 버터를 두르고 버섯을 볶아 준 후 향이 올라오면 퐁 드 볼라유를 넣어 준다.
03 버섯이 익으면 크림을 넣고 곱게 갈아 준다.

생강향의 아스파라거스 퓌레

재료

- ☐ 아스파라거스 100g
- ☐ 우유 200ml
- ☐ 버터 15g
- ☐ 소금 some
- ☐ 생크림 30ml

사전준비

생강물 15ml

(물 100ml, 저민 생강 10g, 1시간 담가놓고 거르기)

만드는 방법

01 껍질을 벗긴 아스파라거스는 채 썰어 준 후 소금과 버터를 두른 냄비에 넣어 볶아 준다.

02 우유를 넣고 끓여 익으면 생강물과 크림을 넣고 곱게 갈아 준다.

당근 글레이징

재료

- ☐ 베이비 캐롯 1ea
- ☐ 오렌지주스 50㎖
- ☐ 버터 50g
- ☐ 설탕 30g
- ☐ 타임 some

만드는 방법

당근은 4분간 삶아 준 후 오렌지즈, 버터, 설탕, 타임을 끓인 용액에 글레이징 해 준다.

> 2019 홍콩 금 | 메인

초리죠와 호밀빵을 스터핑한 치킨 룰라드·뒥셀·마늘 크러스트를 입힌 폴렌타 콘치아·라따뚜이로 스터핑 한 송이토마토 파르시· 사과주스에 글레이징 한 당근·생강향의 당근 퓌레·올리브 브라운 소스

Chorizo and rye bread stuffed chicken roulade, duxelles, garlic crust polenta concia, ratatouille with tomato farci, apple jus glazed baby carrot, ginger flavor carrot puree, olive brown sauce

치킨 룰라드는 닭 요리 카테고리에서 할 수 있는 가장 난이도 있는 요리이다. 1시간 안에 닭고기 손질부터 완벽한 온도로 익히기까지 많은 연습이 필요하다. 난이도 있는 닭 요리, 기술이 들어간 스타치, 기술이 들어간 야채 가니쉬, 나이프 스킬이 들어간 야채 가니쉬 등으로 구성되어 있다. 올리베또나 샤또, 플루팅 같은 클래식한 조리 기술이 들어가면 완성된 음식 자체가 조금 올드해 보일 순 있으나 심사위원의 관점에서 본다면 선수의 노력과 실력을 엿볼 수 있는 가장 큰 요소이기도 하다.

포인트
1. 오븐만 활용하여 닭고기의 조리를 끝낸다. 그 사이에 기술이 들어가는 가니쉬에 신경을 쓴다면 완성도 높은 요리를 만들 수 있다.
2. 치킨 룰라드가 익는 온도인 200℃로 계속 오븐을 유지하며 조리를 한다는 전제 하에 다른 재료 또한 그 온도에 맞는 시간으로 조리하여 최적의 내부 온도를 찾아야 한다.
3. 껍질을 벗겨야 하는 식자재, 미리 만들어 갈 수 있는 소스 등 규정을 확실히 인지하고 활용해야 난이도 있는 요리를 만들어 낼 수 있다.

초리죠와 호밀빵을 스터핑 한 치킨 룰라드

재료

- 닭(800g)   1마리
- 초리죠   50g
- 호밀빵   1ea
- 마늘   2ea
- 세이지   5잎
- 바질   5잎
- 소금   1ts
- 밀가루   some
- 정제 버터   50ml
- 꽃소금   some

만드는 방법

01. 호밀빵은 0.5cm 손질 후 으깬 마늘과 함께 구워 주고 다진 초리죠와 섞어 준비한다.
02. 닭고기는 손질 후 껍질과 살을 분리해 준다.
03. 닭고기 껍질 위에 덧가루를 뿌리고 세이지와 바질을 올려 준다.
04. 소금간을 한 넓게 편 가슴살을 얹어 준 후 크게 손질한 다리살과 초리죠, 으깬 마늘에 버무려 구운 호밀빵을 넣고 껍질을 룰라드 해 준다.
05. 정제 버터를 충분히 발라 준 후 실로 묶어 준다.
06. 꽃소금을 뿌려 준 후 200℃ 오븐에 30분간 넣어 준다.

뒥셀

재료

- 양송이버섯 50g
- 표고버섯 50g
- 샬롯 15g
- 마늘 15g
- 버터 1Ts
- 소금 some
- 생크림 30ml
- 바질 some

만드는 방법

01 양송이버섯과 표고버섯을 곱게 다져 준 뒤 다진 샬롯, 마늘과 함께 버터에 볶아 향을 내 준다.

02 소금간을 하고 다진 바질을 넣어 준 후 생크림으로 천천히 조리해 농도를 잡는다.

마늘 크러스트를 입힌 폴렌타 콘치아

재료

- 폴렌타　　　　　　　50g
- 우유　　　　　　　　300ml
- 고르곤졸라 치즈　　　20g
- 양파　　　　　　　　15g
- 바질　　　　　　　　some
- 달걀물　　　　　　　50ml
- 버터　　　　　　　　1Ts

사전준비

마늘 크러스트　　　　30g
(마늘은 곱게 다져 튀김기름에 노릇하게 튀겨준 후 체에 받쳐 기름을 제거해준다.)

만드는 방법

01 고르곤졸라 치즈는 우유에 넣어 중탕하여 풀어 준다.
02 냄비에 버터를 두르고 다진 양파와 바질을 넣고 볶아 준 뒤 치즈를 녹인 우유를 넣고 끓여 준다.
03 끓고 있는 우유에 폴렌타를 천천히 넣어 저어가며 농도를 맞추어 준다.
04 농도가 되직해진 폴렌타를 판에 부어 준 후 모양을 성형해 준다.
05 굳은 폴렌타에 달걀물을 묻혀 마늘 크러스트를 입혀 준 뒤 오븐에서 구워 준다.

라따뚜이 송이토마토 파르시

재료

- [ ] 애호박　　　　　　15g
- [ ] 가지　　　　　　　15g
- [ ] 새송이버섯　　　　15g
- [ ] 토마토 페이스트　　15g
- [ ] 퓨어 올리브유　　　some
- [ ] 껍질 벗긴 송이토마토　1ea
- [ ] 소금　　　　　　　some

만드는 방법

01　송이토마토를 가운데만 파내어 준다.
02　애호박, 가지, 새송이버섯은 다이스를 해 준 후 오일을 두른 팬에 볶아 준다.
03　볶은 야채에 소금간을 하고 토마토 페이스트에 볶아 준 후 라따뚜이를 만들어 준다.
04　토마토 안에 스터핑 해 준 후 200℃ 오븐에 5분간 넣어 조리한다.

사과주스에 글레이징 한 당근

재료	
당근	100g
사과주스	500ml
설탕	30g
버터	30g
머스터드 씨드	some

만드는 방법

01 당근은 올리베또 후 4분간 삶아 준다.
02 사과주스에 설탕, 버터, 머스터드 씨드를 넣고 끓여 반으로 졸여 준다.
03 졸여 둔 주스에 당근을 넣고 버무려 글레이징 해 준다.

생강향의 당근 퓌레

재료

- 당근 100g
- 우유 500ml
- 버터 15g
- 생크림 15g
- 생강 10g
- 소금 some

만드는 방법

01 생강은 우유에 넣고 끓여 걸러내 준다.
02 냄비에 버터를 두르고 당근을 넣고 볶아 준다.
03 소금간을 해 준 후 우유를 넣고 끓여 준 후 익으면 크림을 넣어 곱게 갈아 체에 내려 준다.

tip 파이핑백에 담아 보관하면 10분간은 따뜻하고 또 중탕하기도 쉽다.

올리브 브라운 소스

재료

- 블랙올리브 10g
- 타임 some
- 레드 와인 100㎖

사전준비

퐁 드 볼라유 300㎖

만드는 방법

01 올리브와 타임을 곱게 다져 준 후 레드 와인에 졸여 준다.

02 퐁 드 볼라유를 끓여 농도를 잡아 준 후 올리브 레드 와인 리덕션과 합쳐 맛과 향을 내 준다.

> 2019 홍콩 은 | 메인

피넛 버터 크럼블을 올린 채끝 스테이크·시금치와 버섯을 넣은 파이·
사과 쳐트니를 얹은 구운 샬롯·
꿀로 글레이징 한 베이비 캐롯과 아스파라거스·샤슈르 소스

Peanut butter crumble with brine beef sirloin, spinach&mushroom pie, apple chutney shallot, honey glazed baby carrot and asparagus, chasser sauce

소고기 요리는 어느 대회에서든지 간에 까다로운 카테고리가 아닐까 싶다. 바뀐 환경에서 고기를 정확히 미디엄으로 익힌다는 것은 쉽지 않기 때문이다. 수비드 같은 저온 조리법을 사용하지 않는 이상 아무리 전문가라도 긴장되는 요리대회 현장에서 조리 온도를 맞추는 것은 어렵다. 경기장에 주어진 오븐의 온도를 잘 활용하여 크러스트와 고기의 내부 온도를 맞추어 준다. 온도계를 사용하는 것이 흠은 아니니 내부 온도를 확인하는 것을 잊지 말자.

★ 포인트
1. 200g, 두께 4cm 정도의 소고기는 앞뒤로 1분씩 리솔레 해 준 후 200℃ 오븐에 5분간 넣어 주고 5분간 레스팅 해 주면 가장 간편하게 미디엄 템퍼의 고기를 낼 수 있다. 1시간이라는 시간을 잘 활용하며 1분씩 리솔레 후 100℃에서 20분 가량 저온 조리하면 그 또한 미디엄 템퍼의 고기가 나온다. 단 이번 메뉴에는 바삭한 크러스트를 얹어야 하기 때문에 고온의 오븐 온도를 활용하는 것을 추천한다.
2. 다소 화려한 가니쉬보다는 묵직하고 전달력이 강한 맛의 가니쉬를 곁들여 주면 좋다.
3. 페스츄리 가니쉬는 반죽을 미리 해 갈 수 있다는 장점이 있기에 다양한 파이 가니쉬를 사용할 수 있다.

피넛 버터 크럼블을 올린 채끝

재료

- [ ] 채끝 200g
- [ ] 소금 1/2ts
- [ ] 땅콩버터 15g
- [ ] 빵가루 50g
- [ ] 사과용 버터 30g
- [ ] 로즈마리 2g
- [ ] 샐러드유 15ml
- [ ] 아로제용 샐러드유 30ml

만드는 방법

01 채끝은 소금간을 해 준 후 다진 로즈마리와 오일에 마리네이드 해 준다.
» 크럼블에 넣을 로즈마리 1/2를 남겨 준다.
02 땅콩버터와 빵가루, 로즈마리, 버터를 섞어 버무려 준 후 냉장고에 넣어 모양을 굳혀 준다.
03 기름을 두른 팬에 실온에 10분 이상 보관해 준 채끝을 앞뒤로 아로제를 해 주며 1분씩 노릇하게 갈색으로 내 준다.
04 200℃ 오븐에 땅콩버터 크럼블을 얹어 준 후 5분간 넣어 익혀 준다.
05 색을 내 준 채끝에 땅콩버터 크럼블을 얹어 200℃ 오븐에 5분간 넣어 익힌 후 꺼내 5분간 레스팅 해 준다.

시금치와 감자, 버섯을 넣어 구운 파이

재료

- ☐ 시금치　　　　　30g
- ☐ 양송이버섯　　　2ea
- ☐ 감자　　　　　　50g
- ☐ 버터　　　　　　15g
- ☐ 화이트 와인　　10ml
- ☐ 소금　　　　　some
- ☐ 바질　　　　　some
- ☐ 생크림　　　　15ml
- ☐ 달걀　　　　　1개
- ☐ 꽃소금　　　　some

사전 준비

페스츄리 반죽　　　100g

(박력분 100g, 물 30g, 소금 some, 반죽용 버터 25g, 충전용 버터 75g)

만드는 방법

01　시금치는 슬라이스 해 주고 감자, 버섯은 스몰 다이스 해 준다.
02　팬에 버터를 두르고 위 야채들을 볶아 주고 소금간을 한 후 화이트 와인과 다진 바질을 넣어 향을 내 준다.
03　크림을 넣어 걸쭉한 농도로 맞춰 준다.
04　페스츄리 반죽 위에 넣고 감싸 준 후 달걀물을 바르고 꽃소금을 뿌려 200℃ 오븐에 20분간 익혀 준다.

사과 쳐트니를 얹은 구운 샬롯

재료

- 사과 100g
- 레몬즙 10g
- 민트 some
- 설탕 1ts
- 사과용 버터 15g
- 화이트 와인 15ml
- 샬롯 1ea
- 샬롯용 버터 15g
- 타임 1줄기
- 소금 some

만드는 방법

1. 냄비에 버터를 두르고 스몰다이스 한 사과를 넣어 투명하게 볶아 준다.
2. 설탕을 넣어 준 후 화이트 와인을 넣어 향을 내 준다.
3. 다진 민트를 넣어 주고 레몬즙으로 풍미를 더해 준다.
4. 샬롯은 반으로 잘라 준 후 소금을 뿌리고 버터에 둘러 준 후 허브를 얹어 200℃ 오븐에 10분간 익혀 준다.
5. 샬롯 위에 사과 쳐트니를 얹어 준다.

꿀과 타임에 글레이징 한 베이비 캐롯과 아스파라거스

재료

- 꿀 50g
- 버터 50g
- 물 100ml
- 껍질 손질한 베이비 캐롯 1ea
- 껍질 손질한 아스파라거스 1ea
- 타임 some

만드는 방법

01 꿀과 타임, 물, 버터를 끓여 글레이징 용액을 만들어 준다.
02 물에 데친 당근과 아스파라거스를 글레이징 해 준다.

Tip 당근은 4분, 아스파라거스는 1분 정도 익혀 주는 것이 좋다.

샤슈르 소스

재료

- 양송이버섯　　50g
- 버터　　15g
- 레드 와인　　100㎖
- 로즈마리　　1줄기

사전준비

퐁 드 뵈프　　300㎖

만드는 방법

01 양송이를 슬라이스 해 준 후 버터에 볶아 준다.
02 레드 와인과 로즈마리를 넣어 준 후 졸여 준다.
03 반으로 졸인 퐁 드 뵈프를 넣어 맛과 향을 내 준다.

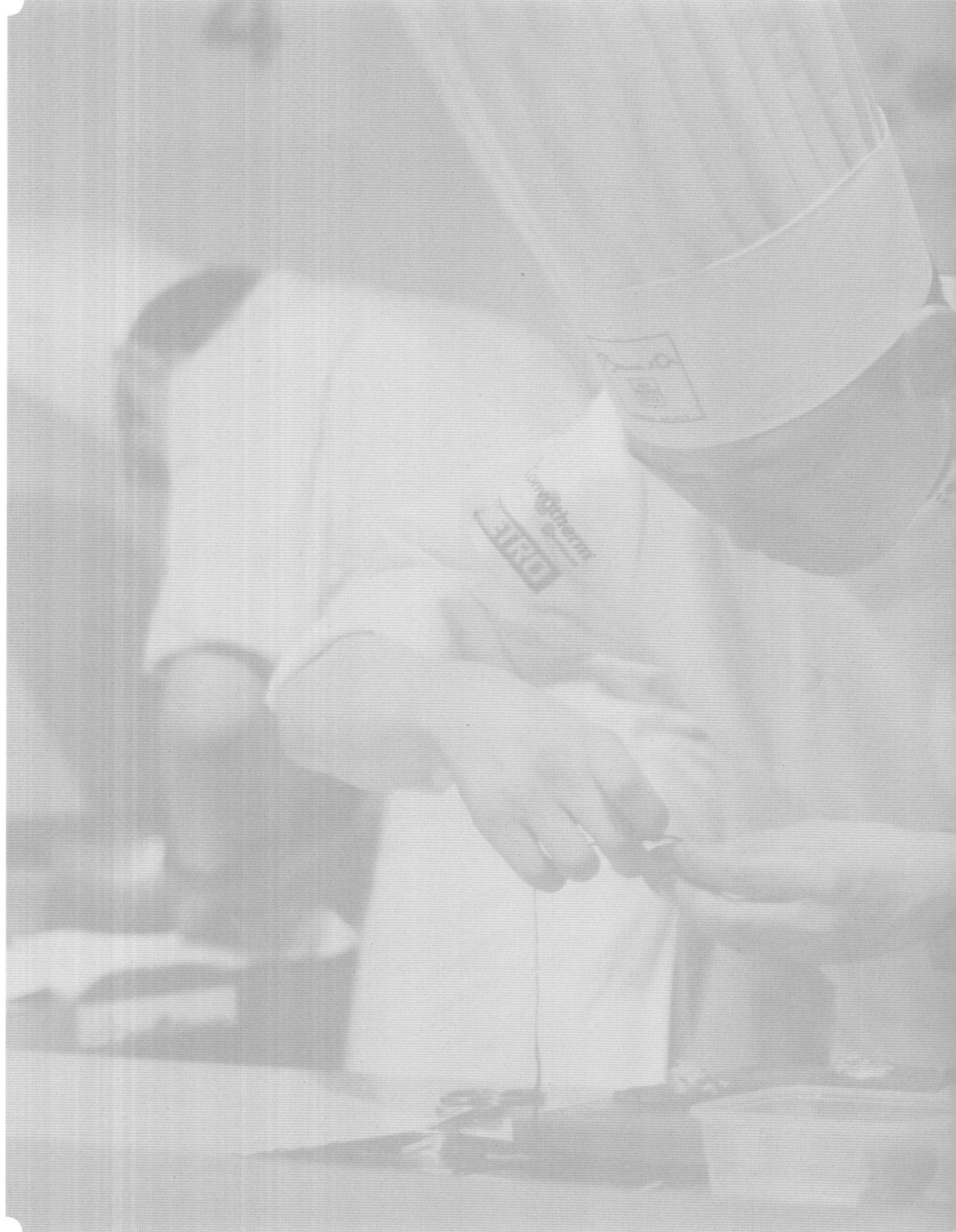

WACS COLD DISPLAY

전시 요리대회는 음식을 전시회장에 놓기 위해 조각을 하는 과정이라고 생각하면 좋다. 음식의 카테고리를 나누고 메인 요리, 가니쉬, 버터, 소스 등 시간을 충분히 두고 여유롭게 하지만 정교하게 작업을 진행한 뒤 접시 위에 올려 주면 된다. 과정의 평가가 아닌 완성품의 평가만 보기 때문에 사전 재료 준비는 최대한 하는 것이 좋다.

콜드 디스플레이 전시 요리 안에서도 카테고리가 나뉘어 진다. 나라마다 다르긴 하지만 크게 애피타이저 카테고리 / 메인 요리 카테고리 / 코스 카테고리 / 핑거푸드 카테고리 등이 있다. 이 책에는 성적이 우수했던 작품 중 애피타이저 메뉴 하나, 메인 요리 하나, 코스 카테고리 하나를 선정하여 풀이하였다.

2018 싱가폴 금 | 애피타이저 오렌지에 마리네이드 한 연어와 홀스레디쉬와 망고 겔, 사과 젤리, 아보카도 퓌레, 마늘 스터핑 한 오징어, 와인에 절인 연어알과 신선한 레디쉬, 오이와 옥수수 살사, 발사믹 리덕션

2019 홍콩 금 | 메인 그릴 한 비프 텐더 로인과 허브 버터, 머스터드 브라운 소스, 시금치와 바질을 넣은 크림, 완두콩 스튜와 폼, 감자 캐서롤, 말린 계절 야채

2020 독일 은 | 5코스 메추리 간을 스터핑 한 로스트 한 메추리, 에이징 한 메추리 다리 튀김, 구운 샐러리악과 샐러리악 크림, 살구 살사와 글레이징 한 쪽파, 메추리 소스, 토마토 크런치

intro

대회 개요

Cold Display 또는 Culinary Art라고 한다. 선수들 외에도 많은 이들이 관람할 수 있게끔 음식을 젤라틴으로 아스픽 처리를 하여 보존력을 높여 전시하는 요리대회이다. 눈이 내리는 그림을 보며 '차갑다', '하얗다', '조용하다', '소복하다' 등으로 보는 이가 상상할 수 있는 것처럼 '맛있겠다', '향이 좋을 것 같다', '식감이 부드럽겠다'같은 상상을 표현하는 것이 전시 요리대회이다.

이 대회는 맛에 대한 평가를 할 수 없기 때문에 통상 먹을 수 없는 요리를 만들어 낸다. 그래서인지 먹을 수 없다는 그 포인트에서 수상의 결과가 나뉘는데 먹을 수 없는 요리라고 해서 선을 넘어선 요리를 만들어 낸다면 필패하기 마련이다. 처음부터 먹을 수 없는 요리라고 생각을 하며 만들면 정작 본인들이 무슨 실수를 하는지 모를 때가 많다. 먹지 않고 평가하는 요리라고 해서 말도 안 되는 레시피와 플레이팅, 색감이 나오면 시작부터 감점이다. 대부분의 능숙한 심사위원이라면 소스의 색만 보고도 무엇을 섞었는지 파악하기 쉽기 때문이다. 아스픽을 하였을 때에도 중요하다. 젤라틴의 광택을 위해서 식용이 불가능한 재료를 사용하기도 하는데 굉장히 잘못된 선택이다. 그 부분은 교육자부터 개선되어야 앞으로 이 대회를 나갈 선수들에게도 좋은 영향을 끼칠 수가 있다.

아시아권에서는 전시 요리대회의 비중이 조금씩 줄고 먹고 평가할 수 있는 라이브 요리대회가 조금 더 활성화 되고 있다. 하지만 독일 올림픽이나 룩셈부르크 월드컵 같은 큰 대회에서는 개인전은 전시 요리대회 밖에 없기 때문에 꼭 공부해야만 하는 필수 분야이다.

WACS COLD DISPLAY 규정집 연도와 대회에 따라 변경 가능

1. Plated Whole Set 5 Courses

To display a whole set of 5 courses menu for one person, prepared hot and presented cold, comprising of two appetizers, one consomme, one salad and one entree, OR one appetizer, one consomme, one salad, one entree and one dessert.
한 사람을 위한 5가지 코스 메뉴 전체 세트를 전시하기 위해 애피타이저 2개, 콘소메 1개, 샐러드 1개, 앙트레(주요리) 1개 또는 애피타이저 1개, 콘소메 1개, 샐러드 1개, 앙트레 1개, 디저트 1개로 구성하여 뜨거운 상태로 준비하고 차갑게 제공한다.

All food items must be glazed with aspic, with the exception of crisps or baked dough.
모든 식품은 바삭바삭하거나 구운 반죽을 제외하고 아스픽으로 코팅해야 한다.

Can be on one plate or individually plated.
한 접시에 담거나 개별 접시에 담을 수 있다.

Suitable for a la carte service.
일품요리(한 접시 요리)로 만든다.

A brief description of the displayed items must be made available for Judges' reference.
심판이 참조할 수 있도록 표시된 항목에 대한 간략한 설명을 제공해야 한다.

Table space allotted: 110cmW x 100cmD
테이블 공간 할당: 110cmW x 100cmD

2. Plated Main Dishes

To display a variety of 4 different main dishes, to competitors choice, prepared in advance and displayed cold.
4가지 다양한 메인 요리를 미리 준비하여 차갑게 표시하여 참가자의 선택에 맞게 진열한다.

Each main course should be individually plated and completed with its respective garnishes
각 메인 코스는 개별적으로 담고 각각 가니쉬로 마무리해야 한다.

All food items must be glazed with aspic, with the exception of crisps or baked dough.
모든 식품은 바삭바삭하거나 구운 반죽을 제외하고 아스픽 코팅해야 한다.

A brief description of the displayed items must be made available for judges' reference.
심판이 참조할 수 있도록 전시된 항목에 대한 간략한 설명이 제공되어야 한다.

Table space allotted: 100cmW x 80cmD
테이블 공간 할당 : 100cmW x 80cmD

3. Finger Food

To display a variety of 6 different kinds of finger food, to competitors choice 3 are to be hot displayed cold and 3 cold displayed cold.
다양한 6가지 종류의 핑거 푸드를 위해 선수들은 세 가지를 뜨겁게 요리하여 차갑게 내고 3가지를 차갑게 요리하여 차갑게 내야 한다.

4 portions of each type of finger food (24 pieces total)
핑거푸드 종류별 4인분(총 24개)

Each portion of finger food should weigh 10-20gm.
핑거푸드 하나의 무게는 10-20g이어야 한다.

Can be on one plate or individually plated.
한 접시에 담거나 개별 접시에 담을 수 있다.

All food items must be glazed with aspic, with the exception of crisps or baked dough.
모든 음식은 바삭바삭하거나 구운 반죽을 제외하고 아스픽 코팅을 해야 한다.

A brief description of the displayed items must be made available for judges' reference.
심판이 참조할 수 있도록 표시된 항목에 대한 간략한 설명을 제공해야 한다.

Table space allotted: 100cmW x 80cmD
테이블 공간 할당 : 100cmW x 80cmD

intro

전시 요리의 기초 준비

전시 요리대회는 라이브 요리처럼 직접 맛을 보지 않기에 기본적으로 소금, 후추 같은 간을 하지는 않지만 기초적인 재료 준비가 더 필요하다. 더 맛있어 보이고 시간이 지나지 않아도 음식이 가라앉지 않고 색이 최대한 변질되지 않기 위함이다.

무스용 젤라틴
무스의 농도를 정하는 재료로 대량으로 만들어 놓고 냉장 보관 후 중탕으로 녹여 사용한다.
판 젤라틴 1 : 물 3

소스용 젤라틴
소스의 광택과 농도를 조절할 수 있으며 물성이 높은 소스에 비례해 젤라틴 함유량을 조금 더 넣을 수 있다.
판 젤라틴 1 : 물 2 : 물엿 0.2

엽록소, 치자가루

무스나 소스의 색을 표현 할 수 있으며 시간이 지나도 색 변환이 더디기 때문에 녹색이나 노란 음식의 재료는 엽록소와 치자가루를 활용하는 것이 좋다.

견과류, 콩, 엽채류

견과류, 콩, 엽채류는 무스나 고기 덩어리 등에 스터핑 용도로 많이 활용하며 컷팅 했을 때에 절단면이 아름답거 나오기 때문에 많은 이들이 선호한다. 하지만 레시피에 맞게 사용해야지만 좋은 점수를 받을 수 있다. 견과류나 콩은 충분히 삶아 준 후 수분을 제거해 주어야 한다. 삶지 않은 견과류나 콩을 무스나 고기 덩어리에 넣고 보관했을 때 수분을 흡수하여 팽창하므로 컷팅 했을 때 터질 수 있는 위험이 있다.

크림 치즈를 섞은 닭고기 무스

다른 무스 대용으로 사용하거나 고기의 스터핑 용도로 많이 사용한다. 하지만 요즘에는 많이 사용하지 않는데 심사위원의 선호도에 따라 다르겠지만 닭고기 무스를 사용하는 것을 싫어하는 심사위원도 있다. 음식의 표현이 아닌 가짜 요리라고 판단할 수도 있기 때문인데, 작품의 안전도를 위해서 소량만 사용할 것을 권장한다. 물론 닭고기 요리에 닭고기 무스를 사용하는 것은 전혀 문제가 없다. 실사용 주재료(관자, 생선, 오징어, 소 등)로 무스로 테린을 만들어 준 후 아스픽 코팅을 하면 재료가 빠르게 건조해 지고 색이 변하기 때문에 닭고기 무스를 소량 섞는 방법으로 적절하게 사용해 주는 것이 좋다. 닭고기 무스와 덩어리 젤라틴을 섞어 무스를 만드는 방법도 있다. 선 조리 후 조립 방식과 선 조립 후 조리 방식의 차이다.

닭 가슴살 100g : 필라델피아 크림 치즈 50g : 생크림 닭 가슴살 갈릴 정도의 양

후추, 파슬리, 건허브

굽고 볶는 요리에는 아스픽 후 먹는 음식처럼 허브들을 뿌려 주면 더 현실감이 있다.

intro

코팅 처리

아스픽 코팅

아스픽 코팅은 전시 요리대회의 꽃이다. 아무리 잘 만든 요리라도 이 코팅을 하지 못한다면 모든 것이 수포로 돌아간다. 55℃의 중탕으로 거품을 제거해야 하며, 출전하는 나라의 온도와 습도에 따라 비율을 조절한다. 통상 기온이 높고 습도가 높은 동남아나 아시아 요리대회는 젤라틴 비율이 진하고 기온이 낮은 유럽권은 젤라틴을 상대적으로 연하게 잡는 방법이 좋다.

코팅은 3번 정도 하는 것이 좋으며 1차, 2차 코팅 후 냉장고에서 말려 코팅이 안정화된 후 3차 코팅 때에 물엿 농도를 높여 광택을 더 주는 방법을 한다.

아시아
1차, 2차 코팅용 젤라틴 　　　판 젤라틴 1 : 물 5 : 물엿 0.2
3차 코팅용 젤라틴 　　　　　판 젤라틴 1 : 물 5 : 물엿 0.5

유럽
1차, 2차 코팅용 젤라틴 　　　판 젤라틴 1 : 물 6 : 물엿 0.2
3차 코팅용 젤라틴 　　　　　판 젤라틴 1 : 물 6 : 물엿 0.5

메인 요리(부피가 큰 요리)

디핑 포크나 스패츌라로 떠서 코팅해 준다. 뜨거운 면보에 바닥을 녹이고 평편한 트레이에 올려 굳혀 주는 과정을 세 번 반복해 준다.

메인 요리(부피가 작은 요리)

꼬지에 끼워 젤라틴 물에 담가 코팅해 준다. 꼬지를 지탱해 주는 것은 무 토막 또는 스티로폼을 활용하면 좋다.

세 번 가량 코팅한 꼬지에 꽂은 오리들은 작은 칼로 꽁지 부분을 잘라 손질 후 뜨거운 냄비 또는 호일에 그 꽁지 끝 부분을 녹여 마감 작업을 하고 접시에 놓아 준다.

intro

플레이팅

플레이팅

핑거푸드

핑거 4종 또는 핑거 6종 구성을 요하는데 각기 다른 맛, 식감, 색, 모양, 컷팅 방식으로 구성해야 한다. 핑거푸드는 애피타이저부터 메인, 그리고 살짝 달콤한 요리까지 다 표현할 수 있다.

애피타이저

스타치가 포함되지 않은 요리로 화려함을 추구하나 통상 접시 위에 5번 정도 재료 터치가 들어가는 것이 좋다. 과한 가니쉬나 난이도 높은 플레이팅은 오히려 좋은 점수를 받지 못할 수도 있다.

메인

화려한 색상보다는 살짝 짙은 색의 음식으로 '뜨겁게 요리하되 차갑게 전시한다'라는 규정이 붙는다. 그래서 전시 요리 중 가장 라이브 요리처럼 만들어야 한다. 간혹 색이 짙어져 칙칙해 지기도 하는데 흰색, 갈색을 적절히 사용해 전체적인 음식의 분위기를 맛있어 보이게 잡아주어야 한다.

전체적인 팁

레스토랑에서 실질적으로 서빙이 가능한 플레이팅을 해야 한다. 구성 요소가 많아지면 당연히 음식의 플레이팅이 더뎌질 것이고, 그만큼 인력이 많이 투입되어야 한다. 통상 5번 정도 접시에 담는 가니쉬 구성요소와 전체적인 코스로 보았을 때 3명이서 이 요리들을 담아 낼 수 있다는 전제하에 전시 요리 메뉴를 구성해야 한다.

2018 싱가폴 금 | 에피타이저

오렌지에 마리네이드 한 연어와 홀스레디쉬와 망고 겔·
사과 젤리·아보카도 퓌레·마를 스터핑한 오징어·
와인에 절인 연어알과 신선한 래디시·오이와 옥수수 살사·발사믹 리덕션

Orange marinated salmon with horseradish mango gel, apple jelly, avocado puree, yam stuffed calmares, salmon roe, fresh radish, cucumber and corn salsa, balsamic reduction

연어는 애피타이저 요리에 사용하기에 가장 무난한 재료 중 하나이다. 이처럼 익히지 않은 조리법을 사용하였을 경우에는 완성된 모양을 예쁘게 잡아 주기 위해 인위적으로 재료를 냉동하는데 해동되었을 때 수분이 많이 나오므로 꼭 소금에 절여 수분을 빼 주는 염장 과정이 필요하다.

오렌지에 마리네이드 한 연어와 홀스레디쉬와 망고 겔

재료

- 연어 필렛   200g
- 꽃소금   100g
- 오렌지 제스트   30g
- 생크림   100ml
- 홀스래디시   30g
- 덩어리용 젤라틴   20g
- 망고주스   50g
- 덩어리용 젤라틴   20g

만드는 방법

01 연어는 원하는 모양으로 손질 후 소금과 오렌지 제스트에 앞뒤로 3시간가량 절여 놓아 수분을 충분히 빼 준다.

02 소금으로 인해 딱딱해진 겉면을 제거해 준 후 랩으로 모양을 잡아 냉장고 또는 냉동고에 굳혀 준다.

03 생크림과 곱게 간 홀스래디시, 젤라틴을 섞어 준 후 테프론 시트를 판에 넓게 펼쳐 굳혀 준 후 젤리를 만들어 준다.

04 생크림이 차갑게 굳으면 몰드로 찍어 홈을 파 준 후 젤라틴을 섞은 따뜻한 망고 주스를 홈에 넣어 채워 준다.

05 차갑게 굳은 연어에 홀스래디시 망고 겔을 얹어 준 후 랩으로 단단히 말아 준다.

06 냉동고에 얼려 준 후 반 정도 얼면 잘라 주고 젤라틴 코팅을 해 준다

special tip

- 생크림 젤라틴이 망고 젤라틴보다 단단하고 차갑기 때문에 따뜻한 망고 젤라틴을 넣어도 녹지 않게 빈 공간에 채워 넣을 수 있다.

- 연어는 수분을 제거해 주지 않으면 냉장 또는 냉동 보관 때 모양이 뒤틀어지기 때문에 충분히 소금에 절여 수분을 제거해 주어야 한다.

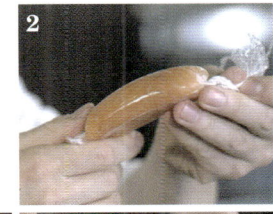
2

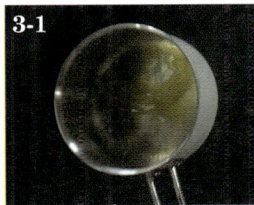
3-1

3-2

4-1

4-2

4-3

5-1

5-2

6-1

6-2

사과 젤리

재료

- 스몰 다이스 한 사과 30g
- 설탕 10g
- 덩어리용 젤라틴 30g
- 물 30ml
- 건파슬리 some
- 레몬 제스트 some

만드는 방법

01 사과는 설탕에 절여 준 후 흐르는 물에 씻어 준다.
02 젤라틴에 물을 녹여 준 후 파슬리와 다진 레몬 제스트, 사과를 섞어 준다.
03 몰드에 넣어 굳혀 준다.

special tip

- 젤리류를 냉동 보관할 시에는 몰드 채로 넣어 보관하는 것이 좋다. 녹인 젤라틴에도 수분이 함유되어 있기 때문에 팽창 후 모양이 뒤틀리기 때문이다.
- 사과 같은 갈변이 되는 야채나 과일들은 설탕에 충분히 절여 준 후 수분을 제거해 조립해 주는 것이 좋다.

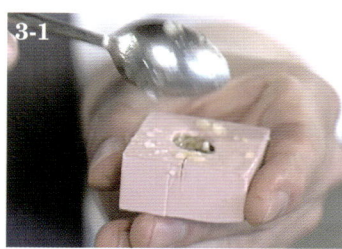
3-1

3-2

아보카도 퓌레

재료

- [ ] 되직한 아보카도 퓌레   100g
- [ ] 레몬즙   30ml
- [ ] 설탕   50g
- [ ] 소스용 젤라틴   30g

만드는 방법

01 아보카도 퓌레에 설탕과 레몬즙을 넣어 준다.
02 접시에 담기 직전에 젤라틴을 넣어 퓌레 농도를 맞추어 준 후 접시에 담는다.

special tip

- 아보카도는 시간이 지나면 색이 변색된다. 연둣빛의 색을 유지하기 위해서 산과 당이 들어가면 오랜 시간 색을 유지할 수 있다.
- 퓌레는 접시에 담기 직전에 젤라틴을 섞어 준다. 퓌레에드 수분이 있고 소스용 젤라틴에도 수분이 있기 때문에 섞었을 때에 농도가 되직해 지는 것이 아니라 묽어진다는 것을 잊으면 안 된다.

2-1

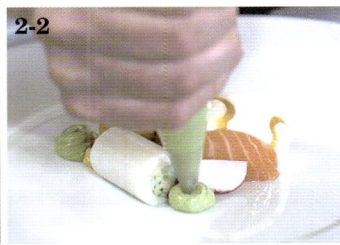
2-2

마를 스터핑 한 오징어

재료

- 오징어 몸통   1ea
- 소금   some
- 마   30g
- 닭고기 무스   50g
- 덩어리용 젤라틴   30g
- 브로콜리   30g

만드는 방법

01 오징어는 데쳐 준 후 앞뒤로 비닐을 깔고 대리석으로 눌러 평평하게 만들어 준다.

02 삶은 다이스 한 마와 닭고기 무스, 다진 브로콜리, 덩어리용 젤라틴을 섞어 랩으로 말아 굳혀 준다.

03 넓게 펼친 오징어에 랩을 벗긴 굳은 무스를 넣고 다시 랩으로 말아 차갑게 굳혀 주고 잘라 코팅해 준비한다.

special tip

- 컷팅 했을 때의 단면을 생각하며 속재료를 넣는다. 단, 어울리는 식자재여야 한다.
- 기본적으로 냉동 보관을 하였을 때에 수분함유량을 최대한 적게 제품을 만들어 주는 것이 좋다.

와인에 절인 연어알과 신선한 라디시

재료

- 연어알   10g
- 래디시   1ea
- 코팅용 젤라틴   30g
- 물   30g

만드는 방법

연어알과 물에 살려 놓은 래디시는 코팅용 젤라틴에 물을 섞어 농도를 연하게 만든 젤라틴에 한 번 담가 접시에 담는다.

special tip

- 연어알은 접시에 담기 직전에 젤라틴에 버무려 주는 것이 좋다. 한 번 굳으면 다시 녹이기 어려운 재료이다.
- 허브나 잎채류도 같은 연한 젤라틴으로 사용하면 된다.

1-1

1-2

오이와 옥수수 살사

재료

- 스몰 다이스 한 오이   15g
- 소금   some
- 통조림 옥수수   15g
- 삶은 피칸   1ea
- 건파슬리   some
- 덩어리용 젤라틴   30g

만드는 방법

01 오이는 스몰 다이스 한 후 소금에 절여 수분을 빼 준다.
02 피칸 슬라이스와 오이, 건파슬리, 옥수수를 섞어 준 후 접시에 담기 전 덩어리용 젤라틴에 섞어 준다.

special tip

- 녹색 야채는 절여 수분을 빼 주면 색이 오래간다.
- 견과류는 충분히 삶아 준 후에 젤라틴을 입혀야 젤라틴이 마르지 않는다.

발사믹 리덕션

재료

- 발사믹 리덕션　　50ml
- 소스용 젤라틴　　15g

만드는 방법

발사믹 리덕션은 소스용 젤라틴과 섞어 준 후 접시에 담가 준다.

special tip

- 녹인 후에 다시 재사용할 수 있다

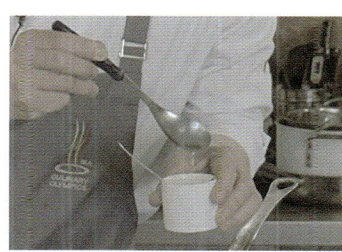 

> 2019 홍콩 금 | 메인

그릴을 한 소 안심과 허브 버터·
머스터드 브라운 소스·시금치와 바질을 넣은 크림·
완두콩 스튜와 폼·감자 캐서롤·말린 계절 야채

Grilled beef tenderloin with herb butter, mustand brown sauce, spinach with basil cream, green pea stew and foam, potato casserole, dried seasonal vegetable

전시 요리대회에서 미디움으로 익힌 고기를 표현하는 것은 가장 어려운 부분 중 하나이다. 젤라틴 코팅을 하게 되면 고기의 색이 변질되고 핏물이 나오기 때문에 쉽지 않은 공정이 필요하다. 햄처럼 염장을 하거나 인위적으로 핏물을 빼 주는 과정을 거쳐야 완성된 접시에 지저분하게 자국이 남지 않는다.

그릴을 한 소 안심과 허브 버터

재료

☐ 비프 텐더 로인　　　200g
☐ 허브 버터　　　　　30g
(다진 바질 + 다진 딜 + 다질 처빌 + 크림 치즈 1 + 버터 1)

만드는 방법

01　소고기는 60℃에 30분 수비 드 후 랩으로 모양을 잡아 준다.
02　바늘로 찔러 메달가 핏물을 빼 준다.
03　꼬챙이를 토치로 쏘아 그릴 자국을 내 준 후 랩으로 모양을 잡아 준다.
04　그릴 자국을 한 안심은 코팅을 해 주고 허브 버터를 얹어 준 후 토치로 녹은 느낌을 나게 해 준다.

special tip

- 핏물을 빼 주지 않으면 냉동 후 해동되었을 때에 젤라틴 처리를 하여도 핏물이 새어 나온다.
- 그릴 자국을 내 준 후 2차 코팅 대에 후추와 파슬리, 허브 등을 뿌려 노릇하게 구운 효과를 내 준다

머스터드 브라운 소스

재료

- [ ] 쥐 드 뵈프   50ml
- [ ] 머스터드 씨드   some
- [ ] 소스용 젤라틴   30ml

만드는 방법

쥐 드 뵈프와 젤라틴을 녹여 준 후 물에 충분히 불린 머스터드 씨드를 섞어 준다.

special tip

- 쥐 드 뵈프의 농도가 나오지 않으면 물엿을 섞어 광택과 농도를 내 줄 수 있다.
- 예전에는 돈까스 소스 등 공산품을 사용하기도 하였지만 향을 맡는 심사위원도 있기 때문에 소스는 직접 내리는 것이 좋다.

1-1

1-2

시금치와 바질을 넣은 크림

재료

- ☐ 시금치   30g
- ☐ 바질   2g
- ☐ 크림 치즈   15g
- ☐ 생크림   30ml
- ☐ 소스용 젤라틴   15g

만드는 방법

01 시금치와 바질은 살짝만 데쳐 준다.
02 생크림과 크림 치즈를 섞어 준 후 농도가 살짝 되직해지면 소스용 젤라틴을 섞어 준다.
03 접시에 담기 전 시금치와 바질을 섞고 입체감 있게 접시에 담는다.

special tip

- 시금치는 살짝만 데쳐 숨이 죽지 않게 해 준다.
- 레시피 상으로는 크림이지만 입체감 있는 농도를 만들어 주기 위해 크림 치즈를 섞어 준다.

완두콩 스튜와 폼

재료

- 완두콩 50g
- 당근 15g
- 양파 15g
- 생크림 50ml
- 파슬리 some
- 완두콩 퓨레 50g
- 우유 100ml
- 소스용 젤라틴 15g
- 거품용 가루 젤라틴 15g

만드는 방법

01 다진 당근과 다진 양파는 물에 데쳐 준 후 수분을 빼 준다.
02 다진 야채와 다진 파슬리, 콩을 섞어 준 후 생크림에 버무려 준다.
03 소스용 젤라틴을 섞어 퍼지는 농도를 만들어 준다.
04 완두콩 퓨레와 우유를 섞어 준 후 중탕에서 데워 준다.
05 젤라틴을 넣고 휩을 쳐주어 거품이 나면 접시에 담아 준다.

special tip

폼은 접시에 담아 준 후 바로 온도가 낮은 차가운 곳에 접시를 옮겨 굳혀 준 후 다음 플레이팅을 준비한다.

감자 캐서롤

재료

- ☐ 감자　　　　　150g
- ☐ 단호박　　　　150g
- ☐ 파마산 치즈　　scme
- ☐ 파슬리　　　　scme
- ☐ 젤라틴　　　　20g

만드는 방법

1. 감자와 단호박은 슬라이스 해 준다.
2. 사각 몰드에 덩어리 젤라틴에 버무린 감자와 단호박을 차례로 층층이 쌓아 준 후 눌러 주고 180℃ 오븐에 50분 가량 천천히 익혀 준다.
3. 식혀 준 후 잘라 파마산 치즈를 뿌리고 토칭 해 색을 내 주고 파슬리를 뿌려 준다.

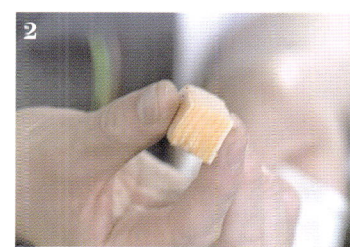

special tip

오븐에 구운 캐서롤 같은 경우는 구워 냉동 보관 후에 부피가 줄어들 수도 있고 젤라틴을 잘 먹지 않을 수도 있다. 기름이나 버터를 넣지 않고 조리해 주는 것이 포인트이다.

말린 계절 야채

재료

- ☐ 아스파라거스　　2ea
- ☐ 콜리플라워　　　50g
- ☐ 적양파　　　　　50g

만드는 방법

야채는 소금에 절여 수분을 충분히 빼 준 후 건조기에서 하루 이상 말려 바삭하게 만들어 준다.

> 2020 독일 은 | 5코스

메추리 간을 스터핑 한 로스트 한 메추리 · 에이징 한 메추리 다리 튀김 · 구운 샐러리악과 샐러리악 크림 · 살구 살사와 글레이징 한 쪽파 · 메추리 소스 · 토마토 크런치

Quail liver stuffed roasted quail, lightly aged quail leg fritter, roasted celeriac and cream, apricot salsa, glazed spring onion, quail sauce, tomato crunch

메추리는 코스의 핫애피타이저 또는 메인으로 활용할 수 있는 재료이다. 일반적으로 다루지 않는 식자재이기에 미디엄 온도가 나와야 하는 가슴살쪽 요리보다는 룰라드나 튀김처럼 조리가 들어간 것이 작품을 표현하기에 유리하다. 튀김은 코팅을 하지 않아도 되니 참고하면 좋다.

메추리 간을 스터핑 한 로스트 한 메추리

재료

- 메추리 가슴살(100g)   1ea
- 메추리 간(닭 간 대체 가능)   30g
- 애쉬 파우더   some
- 간장   100ml

만드는 방법

01. 메추리는 손질 후 가슴살을 펼쳐 주고 간은 팬에 구워 준 후 애쉬 파우더에 버무려 가슴살에 감싸 랩으로 둥글게 말아 준다.
02. 메추리를 63℃에 수비드 해 준 후 간장물에 담가 색을 낸 다음 랩으로 감싸 모양을 굳혀 준다.
03. 토치로 그을리거나 팬에 살짝만 구워 마치 로스트 한 느낌을 준 후 젤라틴에 아스픽 해 준다.

special tip

- 수비드 하기 전에 고기를 간장에 담그는 방법도 있다. 심사위원이 고기를 잘라 볼 때는 고기를 직접 마리네이드 한 후에 수비드 해 주는 방법이 좋다. 단, 원하는 색을 내기는 조금 어렵다.

- 메추리 간은 구워 준 후 냉동을 해서 모양을 고정시켜 준 후 가슴살로 다시 감싸 수비드 해 주면 잘랐을 때에 원하는 단면을 얻을 수 있다.

- 로스트 한, 구운이라는 수식어가 붙지만 기름을 둘러 조리한 요리들은 기름 때문에 젤라틴 코팅이 잘 되지 않는다. 그렇기 때문에 수비드나 스팀 후 익혀 모양을 잡고 인위적으로 색을 내주는 방법을 사용하기도 한다.

1-1

1-2

1-3

2

3-1

3-2

에이징 한 메추리 다리 튀김

재료

- 메추리 다리살   50g
- 닭 가슴살 무스   30g
- 달걀물   some
- 밀가루   some
- 허브 크럼블   100g

(파슬리 5g, 바질 5g, 빵가루 30g, 소금 some / 파슬리, 바질, 빵가루를 넣고 곱게 갈아 준다.)

- 코팅용 젤라틴   50g

만드는 방법

01   메추리 다리는 다져 준 후 닭 가슴살 무스와 섞어 반죽을 만들어 준다.
02   밀가루, 달걀물을 입혀 준 후 튀겨 준다.
03   식혀 준 후 코팅용 젤라틴을 두르고 녹색의 허브 크럼블을 입혀 준다.
04   손질해 놓은 메추리 뼈를 꽂아 마무리한다.

special tip

- 허브 크럼블을 입혀서 튀기면 색이 변하기 때문에 허브 크럼블을 나중에 입혀 주어 튀긴 느낌을 준다.
- 닭 무스를 섞어 주면 반죽을 튀겼을 때에 모양 변화가 적다.

1

2

3-1

3-2

3-3

구운 샐러리악과 샐러리악 크림

재료

- 샐러리악 50g
- 샐러리악 퓌레 100g
- 후추 some
- 건파슬리 2g
- 소스용 젤라틴 30g

만드는 방법

01 샐러리악은 손질 후 팬에 구워 색을 내 준다.
02 구운 샐러리악의 기름을 최대한 제거해 준 후 코팅 해 준다.
03 2차 코팅 후 후추, 건파슬리를 뿌려 구운 효과를 내 준다.
04 샐러리악 퓌레는 접시에 담가 직전 소스용 젤라틴을 섞어 준 후 접시에 터치해 준다.

special tip

- 구운 야채들은 기름을 제거해 주지 않으면 젤라틴 코팅이 잘 안 된다. 젤라틴과 기름이 섞여 굳지 않기 때문이다.
- 구운 야채는 구운 느낌을 튀긴 야채는 튀긴 느낌을 확실히 주어야 한다.

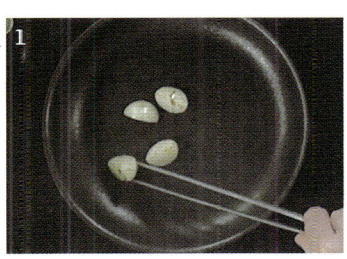

살구 살사

재료
- [ ] 건살구   30g
- [ ] 덩어리용 젤라틴   15g
- [ ] 건파슬리   some

만드는 방법
01   건살구는 다져 준 후 물에 불려 준다.
02   수분을 빼고 건 파슬리를 섞어 준다.
03   접시에 담기 전 젤라틴을 섞어 준 후 접시에 터치해 준다.

글레이징 한 쪽파

재료
- [ ] 쪽파   10g
- [ ] 코팅용 젤라틴   10g
- [ ] 큐민 씨드   some

만드는 방법
01   쪽파는 끓는 물에 살짝만 데쳐 준 후 수분을 제거하고 코팅해 준다.
02   2차 코팅 후 큐민 씨드를 뿌려 글레이징 한 효과를 내 준다.

메추리 소스

재료
- 메추리 소스　　　　50ml
- 소스용 젤라틴　　　30g
- 건포도　　　　　　some

만드는 방법
01　건포도를 다져 준 후 메추리 소스와 섞어 준다.
02　접시에 담기 전 소스용 젤라틴과 섞어 준 후 접시에 터치해 준다.

special tip
대회용 소스는 〈SAUCE & BASICS Cook Book〉 66쪽 쥐 드 카유를 응용하여 사용하는 것을 추천한다. 또는 시판하는 데미글라스 소스에 구운 메추리 뼈를 넣고 끓여 향만 표현 후 전시 요리에 응용할 수 있다.

토마토 크런치

재료
- 토마토 파우더　　　some
- 타피오카　　　　　50g
- 튀김유　　　　　　some

만드는 방법
01　타피오카를 끓는 물에 충분히 삶아 준 후 건조기에서 하루 정도 말려 준다.
02　말린 타피오카를 기름에 튀겨 준 후 토마토 파우더를 뿌려 준다.

special tip
튀긴 야채는 전시 대회장에서 종료 직전에 올리는 것이 좋으며 젤라틴 코팅한 재료와 겹치지 않게 놓아야 한다. 코팅한 젤라틴에도 수분이 있기 때문에 튀김 같은 재료는 눅눅해져 심사를 할 즈음에는 모양이 무너지기 쉽다.

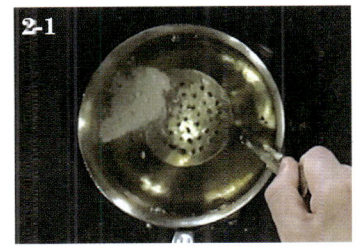

WACS GOURMET

고멧 요리대회는 전날 대회장에서 지정한 장소에서 사전 준비부터 조리까지 완성하며 대회장에서는 테이블에 세팅을 한다. 기본적으로 30인분의 요리를 내야 하는데 이 책의 레시피에서는 메뉴별로 요리의 인분수를 개별 표시했다. 해당 레시피는 응용 가능한 메뉴들에 대한 풀이로 고멧 요리가 어떤 것인지에 대한 가이드라인을 제시한다.

핑거푸드 | 10인분 사과주스에 아스픽 한 가자미 테린과 폴렌타 파베

핑거푸드 | 5인분 초리죠로 맛을 낸 랍스터 롤, 완두콩 퓌레와 샬롯 피클

뷔페 | 10인분 전복 너장으로 맛을 낸 새우 무스와 전복 테린, 허브를 버무린 퀴노아 크런치, 레몬 아이올리 소스, 콰트로 치즈를 스터핑 한 감자 빠리지엥

뷔페 | 10인분 애쉬로 향을 낸 프로슈토로 감싼 닭 가슴살 롤, 당근과 감자 롤 밀푀유

뷔페 | 10인분 저온 조리한 연어와 레몬 젤리, 완두콩 아가

뷔페 | 10인분 베이컨으로 감싼 큐민으로 향을 낸 양 정강이살 파테, 캐러멜라이지드 한 양파를 얹은 브리오슈

애피타이저 | 5인분 콜리플라워를 글라사주 한 후추향을 낸 돼지 안심, 구운 뇨끼와 대파 시금치 크림

intro

대회 개요

고멧 요리대회

고멧 요리대회는 왁스 요리대회의 꽃이라 불린다. 5명이서 팀을 이루는 국가대항전의 성격을 띠기도 하며 지역 대표나 레스토랑 팀으로도 출전을 할 수 있다. 고위급 심사위원들이 심사를 주도하며 4M × 3M 테이블에 약 30인분의 먹을 수 있는 요리들을 전시한다. 샐러드 4종, 핑거푸드 6종, 애피타이저 3종, 뷔페 3종, 수프 1종, 라이브 스테이션 1종, 케이크 2종, 디저트 3종, 빵과 버터로 메뉴를 구성해야 한다. 나라마다 세부 규정은 조금씩 달라질 수 있다.

뷔페 메뉴를 담을 수 있는 접시와 커틀러리들 외에도 받침대와 네임택도 잊지 말고 준비해야 한다.

또 해썹 HACCP 기준에 맞는 위생 규정이 엄격하며 조리를 하는 주방에도 새벽 시간대에 심사위원들의 방문이 있다. 재료를 옮기는 과정 또한 심사에 들어가며 재료의 보관 온도까지도 세심하게 관리해야 한다.

메뉴 구성

각기 다른 주재료와 각기 다른 조리법을 사용해 주어야 하며 뜨겁게 조리하되 차갑게 먹을 수 있는 요리들로 구성을 한다. 라이브 스테이션 메뉴는 파스타, 뇨끼, 리조또처럼 즉석에서 먹을 수 있는 애피타이저 정도의 양의 뜨거운 요리를 제공하는데 요리사가 즉석에서 만들어 주어야 한다.

구성 예시

샐러드(1비건) 4종	30인분	구운 야채 샐러드
		3가지 토마토 샐러드(비건)
		킹크랩 배, 근야채 샐러드
		모차렐라 치즈 샐러드
뷔페(해산물2, 육류2) 4종 4가니쉬 4소스	30pcs	녹색 새우와 전복 테린, 딜과 고수
		연어 콩피와 레몬 와사비 젤리, 꽃
		닭 가슴살 롤 애쉬와 바질, 마늘
		양 정강이살 파테, 큐민, 견과류
애피타이저 3종	30접시	수비드 돼지 안심 길고 얇게, 시금치 라인, 사과, 폴렌타 로그
		도넛 관자 플랑, 돌멩이 모양 감자전, 비스큐 겔
		컬리플라워 화이트 초코 글라사주를 입힌 아스파라거스와 노른자 큐어, 오렌지 사바용, 시금치 크럼블
타파스 3종	20pcs	랍스타 테일 롤 랍스타 무스, 날치알, 연어알, 대나무 꼬지
		가자미(흰살 생선) 무스 돌, 샬롯 언더
		튀긴 해초 식빵 타르트(김가루 뿌리고 위 타르 타르 퀸넬 글라사주)
수프 1종	30접시	송이버섯 콘소메와 버섯 플랑, 메추리알
디저트 3종	30접시	망고 무스
		초콜렛 밀푀유
		럼 바바
케이크 2종	30접시	딸기 케이크
		당근 케이크
빵 4종	30인분	포카치아
		구제르
		바게트
		디너롤
2가지 버터	30인분	솔트 버터
		허브 버터
1가지 라이브 애피타이저	30인분	버섯 리조또

WACS GOURMET 규정집 연도와 대회에 따라 변경 가능

Each team must prepare a "cold buffet" with 1 hot appetiser (appetiser must be made a la minute at a station adjacent to the buffet display). The team must prepare the following dishes for 30 persons Buffet
각 팀은 핫 애피타이저 1개가 있는 "콜드 뷔페"를 준비해야 한다(뷔페를 세팅한 공간에서 손님들 앞에 즉석으로 애피타이저를 만든다). 팀은 30인분을 각 접시에 가져다 먹을 수 있게 준비해야 한다.

Style
4 salads, modern style, can be in a bowl or on a platter.
현대적인 스타일의 샐러드 4개는 그릇에 담거나 접시에 담을 수 있다.

2 fish or seafood platters.
두 가지 생선 또는 해산물 플래터

2 meat or poultry platters (Platters must be served with appropriate sauces, dips or chutneys)
고기 또는 가금류 플래터 2개(플래터에는 적절한 소스, 딥 또는 쳐트니가 제공되어야 함)

6 different kinds of cold tapas each 20 pieces
차가운 타파스 6종류 각각 20조각씩

3 cold appetisers, can be on a communal / shared plates or individually plated
공동/공유 접시에 담거나 개별적으로 담을 수 있는 차가운 애피타이저 3가지

1 soup, (2.5-3litres) hot or cold, can be Vegetarian
뜨겁거나 차가울 수 있으며 베지테리안일 수 있는 수프 1개(2.5~3리터)

3 freestyle desserts, 20 pieces of each, individually plated or communal / shared plate
개별적으로 담거나 공동/공유 접시에 담을 수 있는 프리스타일 디저트 3개, 각각 20조각

2 different freestyle cakes, each weighing between 1000g and 1200g. 1 single portion must be displayed from each cake and the cakes should not all be mousse cakes but show different textures and techniques
각각 1,000g에서 1,200g 사이의 무게인 2개의 프리스타일 케이크. 각 케이크의 조각은 단면이 보이게 잘라 준비하며 모든 케이크는 무스 케이크가 아니라 다른 질감과 기술을 보여야 합니다.

4 different kinds of freshly baked bread suitable for a buffet showing different techniques and Dough's along with a selection of oils and spreads.
다양한 기술을 보여주는 뷔페에 적합한 갓 구운 빵 또는 도

우의 4종류, 다양한 오일과 스프레드를 곁들인다.

No food item should shall be coated with gelatin or aspic; gelatin is permitted in mousses, etc
그 어떤 식품 품목도 젤라틴 또는 아스픽을 코팅해서는 안 된다. 젤라틴은 무스 등에 허용된다.

1 live food station cooking; 1 freestyle hot appetiser for 30 persons, individually platted and prepared a la minute in front of the guests. A chef must be at the station next to the buffet cooking a simple pan dish of the team's choice (for example; pasta, risotto, seafood sauté, vegetarian, vegan or items that are quick to cook) using a maximum of 2 induction tops provided by the Organiser.
라이브 푸드 스테이션 요리 1개 : 손님들 앞에서 즉석으로 준비해 개별적으로 플레이팅 한 30인용 프리스타일 핫 애피타이저 1개. 요리사는 뷔페 옆에 있는 장소(주방)에서 팀이 선택한 간단한 팬 요리(예: 파스타, 리조또, 해산물 소테, 베지테리안, 비건 또는 빠르게 요리할 수 있는 품목)를 한다

Please bring your own induction cooking utensils. 2x13Amp power sockets are provided at the table.
인덕션 조리기구는 자신의 것으로 가져온다. 테이블에 2x13Amp 전원 소켓이 제공된다.

핑거푸드 | 10인분

사과주스에 아스픽 한 가자미 테린과 폴렌타 파베

Apple jus aspic flat fish terrine, pollenta pave

흰살 생선은 차갑게 먹었을 때에도 식감의 변화가 크지 않다. 곱게 갈아 무스를 만들어 테린을 만들어 준 후 사과 주스에 코팅해 준다면 담백한 가자미 살이 향긋한 사과 향과도 잘 어울린다. 바삭한 식감을 곁들이기보다는 하드 폴렌타처럼 모양은 고정되지만 부드러운 받침대를 사용하는 것을 추천한다.

가니쉬: 구운 칵테일 양파, 드라이 한 콜리플라워, 휀넬 잎

가자미 테린

재료

- [ ] 가자미 살   350g
- [ ] 생크림   20ml
- [ ] 흰자 머랭   50g
- [ ] 시금치   30g
- [ ] 바질   1g
- [ ] 레몬 제스트   scme
- [ ] 소금   scme

만드는 방법

01 가자미 살은 소금과 생크림을 넣고 곱게 갈아 준 후 체에 내려 준다.
02 곱게 간 가자미 무스는 다진 바질과 레몬 제스트, 머랭과 섞어 준 후 냉장고에서 차갑게 보관해 준다.
03 가자미 무스를 더 쳐 식힌 후 채 썬 시금치와 버무려 준 후 몰드에 넣어 60℃ 오븐에 40분간 중탕해 준다.
04 차갑게 식혀 준 후 원하는 도양으로 손질해 준다.

사과주스 아스픽

재료

- 완성된 가자미 테린 350g
- 사과주스 100ml
- 판 젤라틴 10g
- 물엿 10g

만드는 방법

01 사과주스에 젤라틴을 담가 불려 준 후 중탕으로 녹여 준다.

02 물엿을 섞어 준 후 따뜻할 때 가자미 테린에 끼얹어 주어 코팅해 준다.

2-1

2-2

하드 폴렌타

재료	
폴렌타 가루	100g
우유	500ml
샬롯	20g
버터	1ts
크림 치즈	30g
소금	some

만드는 방법

01 냄비에 버터를 넣어 준 후 다진 샬롯을 넣어 볶아 준다.
02 샬롯 향을 내준 후 소금과 우유를 넣고 끓여 준다.
03 폴렌타를 3번 정도 나누어 저어가며 넣어 준다.
- 되직해지면 우유를 추가해 준다.
04 농도가 나오면 크림 치즈를 넣어 풍미를 더해 준다.
05 몰드에 넣어 굳혀 준 후 굳으면 꺼내어 성형 후 오븐 또는 팬에 구워 색을 내 준다.

핑거푸드 | 5인분

초리죠로 맛을 낸 랍스터 롤·
완두콩 퓌레와 샬롯 피클

Chorizo flavor lobster roll, green pea puree, shallot pickles

핑거푸드는 손으로만 집어 먹을 수 있게끔 먹을 수 있는 식자재로 받침을 만들어 주어야 한다. 소스가 흥건한 핑거푸드는 깊은 스푼이나 타파스 접시에 놓아 표현할 수 있지만 고멧 카테고리에서는 손으로만 집어서 먹을 수 있는 요리로 구성하는 것을 추천한다.

가니쉬: 연어알, 바질, 감자 튀일

랍스터 롤

재료

- 랍스터 테일(120g) 2ea
- 시금치 엽록소 10g
- 초리죠 30g
- 챠빌 some

만드는 방법

01 랍스터는 껍질을 벗겨 준 후 넓게 펼쳐 준다.
02 펼쳐 주고 남은 부위는 0.5cm 크기로 손질한 후 시금치 엽록소에 버무려 준다.
03 곱게 다진 챠빌과 초리죠, 엽록소에 버무린 랍스터 살을 섞어 준 후 넓게 펼친 랍스터로 룰라드 해 준다.
04 랩으로 단단히 말아 모양을 잡아 준 후 50℃ 수비드로 30분간 조리해 준다.
05 차갑게 식혀 준 후 썰어 준다.

완두콩 퓌레

재료

- 완두콩 200g
- 퐁 드 볼라유 300ml
- 생크림 15ml
- 버터 1ts

만드는 방법

01 완두콩은 버터에 볶아 준 후 따뜻한 퐁 드 볼라유를 넣고 끓인다.
02 생크림과 함께 곱게 갈아 체에 내려 준다.
03 퓌레는 깍지를 끼운 짤주머니에 넣어 준 후 샬롯 위에 짜 준다.

샬롯 피클

재료

- 샬롯 5ea
- 사과식초 180ml
- 물 200ml
- 설탕 2C0g
- 바질 2g
- 소금 Its

만드는 방법

01 샬롯은 소금에 1시간가량 절여 준다.
02 사과식초, 설탕, 물, 바질을 넣고 끓여 차갑게 식혀 피클물을 만들어 준다.
03 소금에 절인 샬롯을 흐르는 물에 깨끗이 씻어 준 후 물기를 닦고 피클물에 3시간가량 담가 준다.

뷔페 | 10인분

전복 내장으로 맛을 낸 새우 무스와 전복 테린·
허브를 버무린 퀴노아 크런치·레몬 아이올리 소스·
콰트로 치즈를 스터핑 한 감자 빠리지엥

Abalone and shrimp terrine, herb quinoa crumble, lemon aioli sauce, quatro cheese stuffed potato parisien

고멧의 뷔페는 접시에 덜어 먹기 편하게 형태가 안정적인 것이 좋다. 해산물 요리는 차갑게 먹었을 때 모양이 흐트러지지 않게 무스를 활용해 모양을 잡아 주는 것이 좋다. 함께 어울리는 가니쉬도 메인 뷔페 요리와 어울리는 재료 조합으로 구성하도록 한다.

가니쉬: 식용꽃, 감자 튀일, 아보카도 퓌레

전복 내장으로 맛을 낸 새우 무스와 전복 테린

재료	
□ 전복	5ea
□ 새우 살	500g
□ 마늘	30g
□ 생크림	50ml
□ 레몬 제스트	some
□ 화이트 와인	100ml
□ 달걀흰자	50g

만드는 방법

01 전복은 살과 내장을 분리해 손질해 준 후 전복 살은 2분간 데쳐 주고 내장은 화이트 와인과 곱게 갈아 준다.
02 새우 살은 생크림과 함께 곱게 갈아 준 후 체에 내리고 전복 내장 50g과 섞어 준다.
03 레몬 제스트, 다진 마늘과 새우 무스를 섞어 준 후 흰자는 휘핑을 쳐 머랭을 만들어 무스와 섞어 준다.
04 테린 틀에 새우 무스와 데친 전복을 썰어 채워 넣어 준 후 60℃ 오븐에 30분간 중탕으로 익혀 준다.
05 차갑게 식혀 준 후 잘라 준다.

허브를 버무린 퀴노아 크런치

재료

- ☐ 바질　　　　　2g
- ☐ 딜　　　　　　2g
- ☐ 챠빌　　　　　2g
- ☐ 튀긴 퀴노아　100g
- ☐ 올리고당　　30ml

만드는 방법

01 허브는 곱게 다져 준 후 튀긴 퀴노아와 섞어 준다.
02 올리고당에 버무려 준 후 테린 위에 얹어 준다.

레몬 아이올리 소스

재료

- ☐ 레몬 제스트　　2g
- ☐ 레몬즙　　　　10ml
- ☐ 마요네즈　　　200ml
- ☐ 디종 머스터드　10g
- ☐ 다진 파슬리　　2g
- ☐ 다진 마늘　　　30g

만드는 방법

마요네즈에 마늘, 디종 머스터드, 파슬리, 레몬 제스트를 섞어 준 후 레몬즙을 넣어 농도를 맞추어 준다.

콰트로 치즈를 스터핑 한 감자 빠리지엥

재료

- ☐ 삶은 감자 빠리지엥   10ea
- ☐ 삶은 밑받침용 감자   10ea
- ☐ 리코타 치즈   30g
- ☐ 크림 치즈   30g
- ☐ 브리 치즈   30g
- ☐ 파마산 치즈   30g
- ☐ 차이브   some
- ☐ 엑스트라 버진 올리브유   10ml

만드는 방법

01 리코타 치즈, 크림 치즈, 파마산 치즈, 다진 브리 치즈를 올리브유와 함께 섞어 준다.

02 감자에 채워 준 후 다진 차이브를 뿌려 준다.

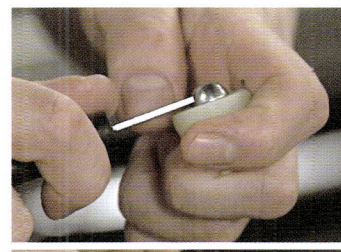
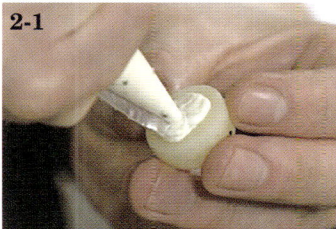

뷔페 | 10인분

애쉬로 향을 낸 프로슈토로 감싼 닭 가슴살 롤·
당근과 감자 롤 밀푀유

*Ash flavor prosciutto wrapped chicken breast roll,
carrot and potato roll mille-feuille*

닭고기는 뷔페 요리에 사용하기 수월한 식자재이다. 조리 온도를 잘 맞춘다면 식어도 부드럽게 먹을 수 있기 때문이다. 부드러운 식감을 얻기 위해 저온 조리를 해야 하는데 자칫 닭 가슴살의 누린내가 날 수 있으니 향신료나 애쉬 파우더같은 향을 첨가해 주면 좋다.

가니쉬: 피스타치오, 튀긴 곡물, 당근 칩, 로즈마리

애쉬로 향을 낸 프로슈토 감싼 닭 가슴살 롤

재료

- 닭 가슴살(500g) 4ea
- 프로슈토 2장
- 애쉬 파우더 scme
- 소금 1ts
- 호두 오일 30ml

만드는 방법

01 닭 가슴살 2개는 얇게 저며 준 후 고기 망치로 두들겨 넓게 펼쳐 준다.

02 닭 가슴살 2개는 손가락 두께로 슬라이스 해 준 후 소금간을 하고 애쉬 파우더에 버무려 준다.

03 애쉬 파우더에 버무린 닭 가슴살을 프로슈토로 감싸 준 후 냉장고게 넣어 모양을 굳혀 준다.

04 넓게 펼친 닭 가슴살에 프로슈토로 감싼 닭가슴살을 올려 준 후 랩으로 말아 62℃ 수비드에 30분간 조리해 준다.

05 차갑게 굳혀 준 후 꺼내어 썰어 준 후 호두 오일을 발라 준다.

당근과 감자 롤 밀푀유

재료

- 당근   200g
- 감자   200g
- 감자 퓌레   50g
- 페코리노 로마노 치즈   10g
- 버터   30g
- 로즈마리   some
- 소금   some
- 피스타치오   some
- 곡물 튀김   some

만드는 방법

01 당근과 감자는 회전 슬라이서로 길게 손질해 준 후 소금간을 해 준다.

02 당근과 감자가 절여져 부드러워지면 감자 퓌레를 채워 준 후 감자와 당근을 번갈아가며 길게 깔아 롤 형태로 말아 랩으로 감싸 준다.

03 끓는 물에 10분간 넣어 익혀 준 후 식혀 썰어 준다.

04 버터를 발라 준 후 페코리노 치즈를 충분히 올려 준 후 오븐에 구워 노릇하게 색을 내 준다.

05 다진 로즈마리를 뿌려 주고 볶은 피스타치오와 곡물 튀김을 올려 마무리 해 준다.

뷔페 | 10인분

저온 조리한 연어와 레몬 젤리·완두콩 아가

Low temperature cooked salmon with lemon jelly, green peas agar

온도가 너무 높거나 낮으면 연어는 으깨지거나 무너져 내린다. 소금에 절여 충분히 마리네이드 해 겉면을 단단히 만들어 준 후 42℃로 조리하고 차갑게 식혀 고양이 무너져 내리지 않게 만드는 것이 포인트이다.

가니쉬: 완두콩순, 모짜렐라 치즈, 휀넬 잎

저온 조리한 연어

재료

- [ ] 연어 필렛   500g
- [ ] 소금   1ts
- [ ] 설탕   1/2ts
- [ ] 레몬 제스트   2g
- [ ] 딜   1g

만드는 방법

01 연어는 소금과 설탕을 골고루 뿌려 준 후 30분간 절여 준다.

02 레몬 제스트와 다진 딜을 버무리고 랩으로 말아 42℃ 수비드에 12분간 조리해 준다.

03 차갑게 식혀 준 후 랩을 벗기고 수분을 제거해 준다.

레몬 젤리

재료

- 연어에 바를 젤라틴　　30ml
  (사과주스 10 : 젤라틴 1)
- 레몬 퓌레　　50ml
- 생크림　　100ml
- 판 젤라틴　　10g
- 바질　　2g

만드는 방법

01 레몬 퓌레와 생크림, 중탕해 녹인 젤라틴을 섞어 레몬 젤리를 만들어 준다.
02 레몬 젤리를 넓게 펼쳐 준 후 바질을 듬성 듬성 놓아 준 후 차갑게 굳혀 준다.
03 저온 조리한 연어 위에 따뜻한 젤라틴 물을 발라 준 후 연어 크기로 썬 레몬 젤리를 얹어 준다.
04 랩으로 한 번 더 감싸 연어와 레몬 젤리가 잘 붙게끔 단단히 고정해 준다.
05 차갑게 굳혀 준 후 썰어 준다.

완두콩 아가

재료

- 완두콩 퓨레   300g
- 우유   50ml
- 한천   15g
- 완두콩   100g
- 모차렐라 치즈   30g
- 소금   some
- 엑스트라 버진 올리브유   10ml

만드는 방법

01 냄비에 완두콩 퓨레를 넣어 천천히 끓여 준다.
02 우유에 한천가루를 섞고 퓨레에 넣어 주며 천천히 저어 준다.
03 한천이 고루 잘 섞이면 틀에 넣어 차갑게 굳혀 준다.
04 완두콩과 다진 모차렐라 치즈를 소금과 오일에 버무려 준 후 완두콩 아가 위에 얹어 준다.

뷔페 | 10인분

베이컨으로 감싼 큐민으로 향을 낸 양 정강이살 파테·
캐러멜라이지드 한 양파를 얹은 브리오슈

Bacon wrapped cumin flavor lamb shank pate, caramelized onoin with brioche

육류를 조리할 때 나오는 콜라겐으로 모양을 굳힌 요리로 사태 부위나 볼살을 사용해 주면 맛이 좋다. 브레이징만 잘 하면 그 자체의 맛이 워낙 좋기에 틀에 넣어 잘 굳히기만 하면 된다. 굳힌 후 수비드에 다시 익히거나 찜기에 쪄서 중간 중간 기포가 없게끔 만들어 준다.

가니쉬: 튀긴 세이지

베이컨으로 감싼 큐민으로 향을 낸 양 정강이살 파테

재료

- ☐ 브레이징 한 양 사태*   2ea
- ☐ 닭고기 무스   100g
- ☐ 건무화과   50g
- ☐ 베이컨   10줄
- ☐ 드라이드 큐민   some

*〈SAUCE & BASICS Cook Book〉
114쪽 참조

만드는 방법

01 브레이징 한 양 사태살은 잘게 찢어 준다.
02 물에 불린 건무화과, 사태살, 드라이드 큐민을 섞어 준 후 닭고기 무스와 섞어 준다.
03 틀에 베이컨을 펼쳐 넣어 준 후 양고기를 채워 넣어 준다.
04 150℃ 오븐에 30분간 모양이 흐트러지지 않게 눌러 주며 익혀 주거나 60℃ 수비드에 넣어 콜라겐이 녹아 서로 잘 붙게 다시 조리해 주는 과정을 거친다.
05 차갑게 식혀 준 후 썰어 준다.

양파 쳐트니를 얹은 브리오슈

재료

- 양파   1/2ea
- 적양파   1/2ea
- 레드 와인   50ml씩
- 설탕   10g씩
- 버터   30g씩
- 브리오슈   200g

만드는 방법

01 양파와 적양파는 스몰 다이스 해 준 후 따로 보관해 준다.
02 각각 버터에 볶아 준 후 설탕을 넣어 준다.
03 두 가지 양파가 캐러멜라이지드 되면 각각 레드 와인을 넣어 풍미를 내 준다.
04 오븐에 구운 브리오슈에 양파와 적양파를 얹어 마무리해 준다.

애피타이저 | 5인분

콜리플라워를 글라사주 한 후추향을 낸 돼지 안심·구운 뇨끼와 대파 시금치 크림

Cauliflower glacer pepper flavor pork loin, pan seared gnocchi with leek & spinach cream

고멧 요리대회의 애피타이저는 색감이 강하고 임팩트 있게 준비해 주는 것이 좋다. 차갑게 먹기 때문에 식어도 부드러운 재료를 사용하고 차가워져도 맛있는 버터나 오일을 사용해 풍미를 더한다. 돼지 안심은 온도에 민감하지만 브라인 후 사용하면 식어도 부드럽게 먹을 수 있다.

후추향을 낸 돼지 안심

재료

- 돼지 안심 350g
- 으깬 통후추 50g

브라인 물

- 물 1L
- 소금 45g
- 설탕 15g
- 저민 생강 10g
- 저민 마늘 10g

만드는 방법

01. 돼지 안심은 브라인 물에 1시간 염지해 준다.
02. 브라인 후 수분을 제거하고 후추에 버무려 랩으로 감싸 3시간가량 마리네이드 해 준다.
03. 후추를 털어 내 준 후 랩으로 모양을 잡아 주고 62℃ 온도에 45분간 수비드 해 준다.
04. 차갑게 식혀 준 후 썰어 준다.

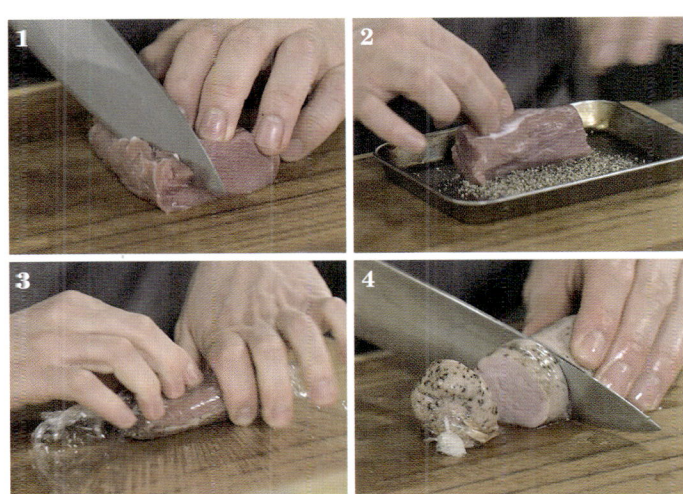

콜리플라워 퓌레

재료

- ☐ 콜리플라워   100g
- ☐ 우유   500ml
- ☐ 버터   1ts
- ☐ 생크림   10ml
- ☐ 소금   some
- ☐ 다진 파슬리   some
- ☐ 레드 페퍼   some

만드는 방법

01 콜리플라워는 얇게 손질 후 버터에 천천히 볶아 준다.

02 콜리플라워가 버터를 다 머금고 향이 나기 시작하면 약간의 소금을 넣고 살짝 더 볶아 준다.

03 우유를 넣고 끓이고 콜리플라워가 익으면 생크림을 넣고 갈아 준 후 고운체에 내려 준다.

04 따뜻한 퓌레를 돼지 안심에 글라사주하고 파슬리와 레드 페퍼를 뿌려 준다.

구운 뇨끼

재료

- 으깬 감자 200g
- 중력분 80g
- 파마산 치즈 30g
- 달걀노른자 30g
- 소금 1ts
- 버터 1ts

만드는 방법

01 으깬 감자와 체에 친 중력분, 파마산 치즈, 노른자, 소금을 버무려 준 후 한입 크기로 손질하여 끓는 물에 데쳐 준다.
02 버터를 두른 팬에 앞뒤로 노릇하게 구워 준다.

대파 시금치 크림

재료

- ☐ 대파 흰 부분 50g
- ☐ 시금치 100g
- ☐ 퐁 드 볼라유 300ml
- ☐ 버터 1ts
- ☐ 생크림 15ml
- ☐ 소금 1/2ts

만드는 방법

01 대파와 시금치 잎은 채 썰어 준 후 버터에 볶고 소금간을 해 준다.
02 퐁 드 볼라유를 넣어 끓여 준 후 크림과 함께 곱게 갈아주고 체에 한 번 더 내려 준비한다.